AF250016

FACULTÉ DE DROIT DE DOUAI

THÈSE

POUR

LE DOCTORAT

SOUTENUE PAR

AUG. PALLE

DES

DIVERS BÉNÉFICES DES CAUTIONS

EN DROIT ROMAIN ET EN DROIT FRANÇAIS

PARIS

IMPRIMERIE DE E. DONNAUD

9, RUE CASSETTE, 9

1870

THÈSE

POUR

LE DOCTORAT

DES

DIVERS BÉNÉFICES DES CAUTIONS

EN DROIT ROMAIN ET EN DROIT FRANÇAIS.

L'ACTE PUBLIC SUR LES MATIÈRES CI-APRÈS SERA PRÉSENTÉ ET SOUTENU
Le lundi 2 mai, à 3 heures de l'après-midi,

PAR

Aug. PALLE.

Président : M. BLONDEL, Professeur doyen.

Suffragants : { MM. TALON, { Professeurs.
MABIRE,
DE FOLLEVILLE, { Agrégés,
CONSTANS, chargés de cours.

PARIS
IMPRIMERIE DE E. DONNAUD
9, rue Cassette 9

1870

INTRODUCTION.

Le cautionnement est un contrat par lequel un tiers se soumet personnellement envers le créancier d'une obligation, à satisfaire à cette obligation si le débiteur n'y satisfait pas lui-même.

Dès qu'une société fut organisée, les divers individus qui la composaient eurent nécessairement entre eux des rapports d'intérêt. Mais les hommes ne traitant ensemble que dans l'espoir que leurs engagements respectifs seront exécutés, on sentit de bonne heure le besoin d'une garantie inspirant la confiance, condition essentielle à toute transaction. Le contrat de cautionnement remplissant admirablement ce but, et par la simplicité de son idée fondamentale, et par l'appui solide qu'il apportait au crédit du débiteur, il dut être de très bonne heure usité ; aussi en retrouvons-nous la trace dans les plus anciennes législations.

A Rome, où le contrat de cautionnement revêtit successivement diverses formes, et reçut différentes appellations, son origine remonte aux plus hautes antiquités du droit romain. Nous la trouvons en effet mentionnée dans la loi des Douze Tables, ce premier corps de loi de la société romaine, laquelle parle des *prædes*, des *vades*, du *vindex*, cautions judiciaires correspondant aux anciennes actions de la loi, mais qui n'étaient usitées que dans un nombre de cas fort restreint (1).

Mais le cautionnement proprement dit n'existait pas encore. Il se manifesta d'abord sous la forme de la *sponsio*, acte du citoyen romain s'obligeant *verbis*, accessoirement à un obligé principal dont il garantissait la dette, et de la *fidepromissio*, qui n'était que la *sponsio* mise à l'usage des pérégrins au moyen d'un changement de formule, la *sponsio* résultant d'une forme civile exclusivement réservée aux citoyens romains. Du reste, la *sponsio* et la *fidepromissio* étaient soumises aux mêmes principes, et régies par les mêmes règles, sauf l'avantage de l'action *depensi in duplum* contre l'obligé principal, qui avait été accordée aux *sponsores* seuls, par une loi *Publilia* dont nous parle Gaius (2), mais dont la date est restée inconnue.

La sûreté donnée par les *sponsores* et les *fidepromissores* se trouvait bien insuffisante ; par son origine, et par la nature de son institution, elle ne pouvait accéder qu'à une obligation *verbis*, et ne survivait pas aux répondants. Le besoin d'une garantie plus étendue et plus solide devint encore plus vif ; lorsque la loi *Furia*, par une protection exagérée envers les *sponsores* et les *fidepromissores*, vint limiter leur obligation à deux années, et la diviser entre eux de plein droit et par tête. On chercha alors un moyen

(1) Gaius. Comment. IV, § 16, 21 et 184.
(2) Comment. III, § 127 *in fine*.

d'échapper à la rigueur des principes, et vers l'an 600 de Rome, on créa la *fidejussio*, en modifiant la formule de la stipulation. Les *fidejussores* pouvaient accéder à toute espèce d'obligations, ne jouissaient pas du bénéfice de la loi Furia, et leur obligation était transmissible à leurs héritiers; ils étaient donc, pour les créanciers, une garantie beaucoup plus solide et plus durable que les *sponsores* et *fidepromissores*. Aussi l'usage s'en répandit fort vite, et même les fidéjusseurs finirent par supplanter, dans la pratique des affaires, les *sponsores* et les *fidepromissores*, dont il n'est plus en réalité question du temps de Justinien.

Ces trois modes de cautionnement, issus du contrat *verbis*, étaient désignés sous la dénomination générique d'*adpromissio*, et aussi de *satisdatio*, surtout lorsqu'il s'agissait d'un cautionnement légal ou judiciaire,

La *fidejussio*, tout en présentant de grands avantages sur les deux autres sortes d'adpromission, ne répondait cependant pas aux besoins de la pratique. Ainsi, le créancier poursuivant le débiteur perdait ses droits contre le fidéjusseur, et réciproquement: on avait bien remédié à cet inconvénient en créant, au moyen d'un changement dans l'interrogation faite par le créancier au fidéjusseur, ce que les commentateurs ont appelé la *fidejussio indemnitatis*, dans laquelle il n'y avait pas *duo rei ejusdem obligationis*, mais un tiers obligé sous la condition suspensive du non-payement par le débiteur. Le créancier après avoir poursuivi le débiteur, pouvait donc poursuivre le fidéjusseur;

mais restaient d'autres inconvénients, l'impossibilité
de poursuivre successivement tous les fidéjusseurs,
et surtout le peu de commodité que présentait la fidéjussion qui ne pouvait se former que *verbis*, ce qui
nécessitait la présence des parties.

On détourna alors le mandat de sa destination primitive, pour en faire un cautionnement indirect. Le
créancier se faisait donner, par un tiers, mandat de
prêter une somme d'argent ; il se trouvait alors avoir
deux débiteurs distincts, le débiteur principal en
vertu du contrat de prêt, et en vertu du mandat le
mandator pecuniæ credendæ, lequel se trouvait être
alors une véritable caution.

Il restait une difficulté : le fidéjusseur pouvait bien
garantir une obligation existante, mais cela était impossible dans le cas de mandat, le *mandator* ne pouvant intervenir qu'avant la création de l'obligation
principale. Le préteur trouva un moyen pratique qui
permit, sans recourir à la fidéjussion, de cautionner
une obligation existante : il étendit aux particuliers ce
qui existait déjà pour les *argentarii* ou banquiers, et
créa ainsi le pacte du constitut, pacte par lequel un
tiers prenait jour pour le payement de la dette d'autrui, se constituant par là même débiteur accessoire,
susceptible, aussi bien que le débiteur principal,
d'être poursuivi par le créancier.

La fidéjussion, déjà modifiée par Justinien, passa
dans notre ancienne jurisprudence, mais débarrassée
de toutes les formalités et conditions qui la rendaient
peu commode dans l'ancien droit romain ; aussi
devint-elle d'un usage très-fréquent au moyen âge,

sous le nom de *plaigerie*, *cauxion*, et par la suite *cautionnement*. Elle parvint ainsi jusqu'aux rédacteurs du Code Napoléon, qui, sous le nom de *cautionnement*, la reproduisirent, sauf quelques modifications de détail, telle qu'elle existait dans l'ancien droit.

Revenons au droit romain. Un *adpromissor* avait cautionné la dette d'un tiers ; le créancier pouvait tout d'abord le poursuivre, et comme il était tenu *in solidum*, il se trouvait obligé de payer la dette entière. Il pouvait bien recourir, à fin de remboursement, contre le débiteur principal, mais seulement par l'action *mandati*, ou par l'action *negotiorum gestorum*, action née en sa personne par l'effet du payement. De plus, dans le cas où il s'était engagé malgré le débiteur, ou *donandi animo*, il n'avait aucun recours, car il n'y avait dans ce cas ni mandat, ni gestion d'affaires, du moins d'après l'opinion générale des jurisconsultes.

Dans le cas où la dette avait été cautionnée par plusieurs, celui qui avait payé n'avait aucun recours contre les autres *adpromissores*, car, d'une part, il était impossible de voir un mandat entre les différentes cautions, d'autre part, celui qui avait payé étant tenu *in solidum* avait, en payant, exécuté son obligation, fait sa propre affaire, et ne se trouvait nullement dans le cas de gestion d'affaires.

La position était dure pour les *adpromissores*, qui se trouvaient exposés à toute l'insolvabilité du débiteur, sans même pouvoir profiter des sûretés que celui-ci avait pu donner au créancier pour garantie de sa dette. On le comprit, et partie par raison d'équité, partie pour aider au développement de l'institution si utile du cautionnement, on échappa à la rigueur des principes, et on adoucit la position des *adpromissores* en leur accordant divers bénéfices tellement importants, qu'ils arrivèrent à jouir d'une protection exagérée aux dépens des créanciers, et que le but qu'on se proposait se trouva dépassé.

Les bénéfices qui furent successivement accordés aux *adpromissores* sont, en suivant l'ordre de leur création :

1° — Le bénéfice de la loi Apuleia (an de Rome 652).

2° — Le bénéfice de la loi Furia (an de Rome 659).

3° — Le bénéfice de cession d'actions, créé par la jurisprudence.

4° — Le bénéfice de division, introduit par un rescrit de l'empereur Adrien.

5° — Le bénéfice d'ordre ou de discussion, établi ou plutôt rétabli par une novelle de l'empereur Justinien, en l'an 535 de notre ère.

Nous allons, dans une première partie, étudier ces différents bénéfices, tels qu'ils existaient dans le droit romain. Dans une seconde partie, nous verrons ce qu'ils sont devenus dans l'ancien droit français, et dans notre législation actuelle.

DROIT ROMAIN.

CHAPITRE I".

BÉNÉFICES DES LOIS APULEIA ET FURIA.

Lorsqu'un *sponsor* ou un *fidepromissor* avait payé la dette, il avait, nous dit Gaius (1), un recours contre le débiteur principal, par l'action *mandati contraria ;* ce recours, fondé sur le mandat donné à l'*adpromissor* par le débiteur principal, fut ensuite étendu aux fidéjusseurs, et est consacré en ce sens par Justinien (2). Si le mandat avait été donné, non par le débiteur, mais par un tiers, c'est contre ce tiers que l'*adpromissor* pourrait recourir par l'action *mandati contraria.*

Mais il est possible qu'aucun mandat n'ait été donné, et que l'*adpromissor* se soit obligé *donandi animo*, ou à l'insu du débiteur principal. Dans le pre-

(1) Comment, III, § 127.
(2) Iust , § 6 *De fidej.*

mier cas, il n'y aura lieu à aucun recours ; dans le second, s'il n'y a pas de mandat, il y a certainement une gestion d'affaires, et l'*adpromissor* pourra recourir contre le débiteur par l'action *negotiorum gestorum contraria.*

Mais que décider dans le cas où l'*adpromissor* s'est obligé malgré la défense du débiteur? Dans l'ancien droit, paraît-il, certains jurisconsultes lui accordaient une action utile; mais, nous dit Paul : *Si pro te præsente et vetante fidejusserim, nec mandati actio nec negotiorum gestorum est. Sed quidam utilem putant dari oportere. Quibus non consentio ; secundum quod et Pomponio videtur* (1). Cette théorie a été du reste reproduite par Just^tien (2).

Ainsi l'*adpromissor* qui avait payé avait, excepté lorsqu'il s'était engagé *donandi animo* ou malgré le débiteur, un recours contre le débiteur principal; mais en avait-il un contre les autres *adpromissores,* tenus comme lui de la dette *in solidum?* Evidemment non. Les obligations des divers *co-adpromissores,* quoique accessoires à la même dette, étaient indépendantes les unes des autres, et il était impossible de trouver entre eux aucun mandat exprès ou tacite ; il n'y avait donc pas lieu d'accorder contre les autres l'action *mandati contraria* à celui qui s'était vu forcé de payer. D'autre part, l'*adpromissor* qui avait payé sur les poursuites du créancier avait bien libéré les autres ; mais étant tenu lui-même *in solidum,* on avait, au point de vue juridique, raison de décider,

(1) L. 40, D., *Mandati.*
(2) L. 14, C., *De neg. gest.*

qu'il avait, en payant, non pas géré l'affaire de ses *co-adpromissores*, mais exécuté son obligation personnelle, et éteint sa propre dette ; il était par conséquent impossible de lui accorder un recours par l'action *negotiorum gestorum contraria*. Le débiteur accessoire qui avait payé était donc privé de tout recours contre ses copromettants, et n'avait d'autre ressource qu'un recours contre le débiteur principal, le plus souvent insolvable.

Ce résultat était assurément fort logique, mais peu équitable, et ce fut pour remédier à cet état de choses que fut portée la loi Apuleia, rendue en l'an de Rome 652 (1). Cette loi, applicable dans tout l'empire, établit de droit une espèce de société entre les divers *sponsores* et *fidepromissores* qui avaient cautionné la même dette. Chacun d'eux restait bien tenu *in solidum* vis-à-vis du créancier ; mais celui qui avait payé, avait par l'action *pro socio* un recours contre les autres pour ce qu'il avait payé en plus de la part qu'il devait supporter. L'insolvabilité du débiteur, à partir de ce moment, ne fut donc plus à la charge exclusive d'un seul des *sponsores* ou *fidepromissores*, mais supportée définitivement par tous.

Il y a lieu de citer ici une loi dont le nom est resté illisible dans le manuscrit de Gaius, mais qui par la place qu'elle occupe dans le Commentaire, et par la règle qu'elle établit, nous paraît être la même loi Apuleia dont il est parlé par Gaius dans le § 122. Cette loi porte : *Cautum est ut is qui sponsores aut*

<hr>

(1) Gaius, Comment. III, § 122.

fidepromissores accipiat, prœdicat palam et declaret, et de qua re satis accipiat, et quot sponsores aut fidepromissores in eam obligationem accepturus sit (1). Il était en effet fort utile et fort équitable que les *sponsores* et *fidepromissores*, déclarés de plein droit *socii* par la loi Apuleia, pussent, avant de s'engager, connaître l'étendue de l'obligation qu'ils allaient contracter, et apprécier quelle pourrait être leur part de responsabilité, en cas d'insolvabilité du débiteur principal. Cette loi, ajoute Gaius, ne parlait pas des fidéjusseurs, mais l'usage leur en fit appliquer la disposition.

La loi Apuleia avait apporté une modification très-utile dans la position des *sponsores* et *fidepromissores*; on ne s'en tint pas là, et sept ans après, la loi Furia, rendue en l'an 650 de Rome, vint changer complétement leur situation primitive. Cette loi accorda aux débiteurs accessoires deux faveurs fort importantes.

1° — Jusque-là le *sponsor* et le *fidepromissor* étaient tenus accessoirement de la dette jusqu'à leur mort, la loi Furia limita leur obligation à deux ans, *biennio liberabantur*, nous dit Gaius (2).

2° — Elle établit à leur profit un bénéfice de division, nommé spécialement bénéfice de la loi Furia, pour la distinguer du bénéfice de division d'Adrien, que nous étudierons plus loin.

La loi Apuleia avait établi un recours entre les différents *adpromissores*, mais chacun d'eux était cependant tenu de la dette *in solidum*; en cas de poursuites de la part du créancier, l'*adpromissor* actionné

(1) Gaius, Comment. III, § 123.
(2) Comment. III, § 121.

était obligé de faire l'avance de la somme entière, et restait exposé à l'insolvabilité des autres débiteurs accessoires. La loi Furia vint changer cet état de choses ; elle disposa que l'obligation se diviserait de droit en autant de parties qu'il y aurait de *sponsores* ou de *fidepromissores* existant au moment de l'exigibilité de la dette, sans distinguer, du reste, s'ils étaient ou non solvables. La division avait lieu de plein droit, par application de la loi. Si donc le créancier actionnait l'un des *adpromissores* pour le tout, ou même pour une part plus forte que celle qui lui était afférente, il commettait une plus-pétition re, et non-seulement il n'obtenait pas condamnation contre celui qu'il poursuivait, mais il perdait même son droit contre les autres.

La loi Furia n'était applicable qu'en Italie ; elle ne rendit donc pas complétement inutile le bénéfice de la loi Apuleia, laquelle continua de régir les *sponsores* et les *fidepromissores* dans le reste de l'empire.

La loi Apuleia avait apporté à la position des *sponsores* et des *fidepromissores* un changement que demandaient la raison et l'équité, et qui ne nuisait en rien aux intérêts des créanciers. Mais une fois entré dans cette voie, on dépassa presque aussitôt le but en rendant la loi Furia, contraire aux principes reçus en matière de stipulation, contraire aux intérêts des créanciers, et par contre au crédit des débiteurs. L'obligation des *sponsores* et des *fidepromissores* s'éteignant de droit au bout de deux ans, se divisant de telle sorte que l'insolvabilité d'un ou de plusieurs des copromettants était supportée par le créancier, au lieu de l'être par les autres, comme le réclamaient le droit et l'équité, la *sponsio* et la *fidepromissio* ne présentèrent plus aux créanciers qu'une garantie illusoire. Ce fut alors que, vers l'an 660 de Rome, en présence du besoin que l'on éprouvait d'un cautionnement qui offrît des garanties sérieuses aux créanciers, on eut l'idée de modifier la formule d'interrogation dans le contrat *verbis*, et on créa ainsi la fidéjussion qui ne tarda pas à remplacer dans la pratique des affaires, et même à faire oublier la *sponsio* et la *fidèpromissio*, attaquées dans leur base par la protection exagérée de la loi Furia.

CHAPITRE II.

DU BÉNÉFICE DE CESSION D'ACTIONS.

Nous avons vu plus haut que le fidéjusseur qui avait payé la dette avait un recours contre le débiteur, mais seulement dans le cas où l'action *mandati* ou l'action *negotiorum gestorum* était possible, c'est-à-dire lorsque le fidéjusseur s'était obligé du consentement ou au moins à l'insu du débiteur; mais il n'avait aucun recours, s'il s'était obligé *donandi animo* ou contre la volonté du débiteur. De plus, le fidéjusseur qui avait payé, n'avait contre le débiteur qu'une action née en sa personne par l'effet du payément, et ne pouvait par conséquent user des garanties attachées à la créance ; aussi son recours était bien souvent illusoire.

D'autre part, les cofidéjusseurs restant parfaitement étrangers l'un à l'autre, celui qui avait payé n'avait aucun recours contre les autres. Il y avait bien les bénéfices des lois Apuleia et Furia pour les *sponsores* et les *fidepromissores*, mais qui n'étaient nullement applicables aux fidéjusseurs, créés postérieurement à la promulgation de ces lois, et laissés sous l'empire des règles générales.

La jurisprudence vint à leur secours en accordant aux *adpromissores* un nouveau bénéfice, le bénéfice *cedendarum actionum*, en vertu duquel le fidéjusseur, et en général l'*adpromissor* qui payait la dette, pouvait exiger du créancier la cession de toutes ses actions, tant contre le débiteur principal que contre les autres débiteurs accessoires : *Fidéjussoribus succurri solet*, dit Julien, *ut stipulator compellatur ei qui solidum solvere paratus est vendere cæterorum nomina* (1). Disposition éminemment utile et juste, qui permettait au fidéjusseur, d'une part, de recourir contre les autres débiteurs accessoires, d'autre part d'intenter contre le débiteur principal, au lieu de son action personnelle *mandati* ou *negotiorum gestorum*, l'action même du créancier souvent bien plus avantageuse, à cause des sûretés et garanties qu'il pouvait avoir exigées du débiteur.

Le bénéfice *cedendarum actionum* ne fut pas attribué aux seuls *adpromissores*, mais étendu aux *mandatores pecuniæ credendæ*, et même à ceux qui font le pacte de constitut pour la dette d'autrui. Toutefois, il existait entre ces trois espèces de débiteurs accessoires des différences trop considérables, pour que les règles de la cession d'action fussent les mêmes pour tous. Nous étudierons donc séparément les règles relatives, d'abord aux *adpromissores*, puis aux *mandatores*, et enfin à ceux qui font le pacte de constitut.

SECTION PREMIÈRE.

Bénéfice de cession d'actions accordé aux adpromissores.

La cession des actions du créancier n'avait pas lieu de plein droit ; la jurisprudence accordait un béné-

(1) L. 17, D., *De fidej.*

fice au fidéjusseur, mais il devait le demander, sans quoi il demeurait soumis au droit commun.

Mais à quel moment devait il requérir cette cession? Il faut distinguer deux cas, celui où le fidéjusseur a payé volontairement le créancier, et celui où il s'est laissé poursuivre.

1" cas. — Le fidéjusseur a payé volontairement le créancier; il doit demander la cession d'actions au plus tard au moment du payement, car une fois le payement effectué, l'obligation est éteinte, il n'y a plus d'actions, partant plus de cession d'actions possible. La cession qui serait faite postérieurement au payement serait donc radicalement nulle, comme le dit Modestin : *Nihil ea cessione actum, quum nulla actio superfuerit* (1).

2° cas. —Le fidéjusseur s'est laissé poursuivre en justice par le créancier; la cession doit être demandée avant la *litis contestatio.* Par l'effet de la *litis contestatio,* l'obligation primitive est éteinte par novation, et l'ancien rapport de droit fait place à un rapport nouveau; la dette primitive se trouve donc éteinte, le *reus* et les autres débiteurs libérés, et le débiteur ne peut plus céder des actions qui n'existent plus. Du reste, ceci n'existait que dans le premier état du droit, car Justinien, étendant à tous les cas la règle qui existait avant lui pour les actions réelles, les actions *in factum,* et les *judicia quæ imperio continentur,* supprima cet effet extinctif de la *litis contestatio.* Les fidéjusseurs purent donc, après la *litis contestatio* et même après la prononciation de la sentence, deman-

____

(1) L. 76, D. *De solut.*

der la cession d'actions, pourvu que la demande eût
lieu avant le payement, car alors l'obligation se trouvant complétement éteinte, il n'y avait plus de cession
d'actions possible.

Mais, a-t-on dit, le créancier ne cédera ses actions
qu'à la condition qu'il sera payé ; or le payement
éteignant la dette et libérant tous les débiteurs tant
principaux qu'accessoires, comment le créancier
pourra-t-il abandonner un droit qu'il n'a plus, et céder
des actions qui n'existent plus ? Les jurisconsultes
romains virent parfaitement la difficulté, mais y
échappèrent par une fiction juridique, leur moyen ha-
bituel en pareil cas. Le fidéjusseur, dirent-ils, en
payant, n'est pas censé avoir payé la dette, mais bien
avoir acheté au créancier toutes ses actions contre le
débiteur principal et les débiteurs accessoires, pour
un prix égal au montant de la créance. Paul, du reste,
explique très-bien la difficulé qui s'était présentée et
la manière dont elle fut résolue : *Cum is*, dit-il, *qui et
reum et fidejussores habens, ab uno ex fidejussoribus
accepta pecunia, præstat actiones, poterit quidem dici
nullas jam esse cum suum perceperit, et perceptione omnes
liberati sunt. Sed non ita est : non enim in solutum ac-
cepit, sed quodammodo nomen debitoris vendidit* (1).
Cette disposition était aussi appliquée au cotuteur
qui avait payé, ou qui avait été condamné *in solidum*
envers le pupille : « *Non tutela reddita*, dit Papinien,
sed nominis pretium solutum videtur (2). »

(1) L. 56, D., *De fidej.*
(2) L. 21, D., *De tutela et ration.*

La cession d'actions, comme nous l'avons vu, était
fort utile au fidéjusseur, sans nuire en rien aux intérêts du créancier ; aussi le fidéjusseur était en droit
de l'exiger et le créancier ne pouvait la refuser : *Fidéjussoribus succurri solet,* dit Julien, *ut stipulator
compellatur vendere cæterorum nomina* (1). Mais enten-
dons bien le sens de cette injonction. La fidéjussion
était un contrat unilatéral, de droit strict, par lequel le
fidéjusseur était obligé envers le créancier, mais nullement le créancier envers le fidéjusseur. Le créancier était bien obligé de céder ses actions au fidéjusseur, mais seulement dans l'état où elles se trouvaient,
et il pouvait auparavant, sans encourir la perte de
ses droits contre le fidéjusseur, se livrer à tout acte
qui ne constituait pas un dol caractérisé vis à vis de
celui-ci, et notamment abandonner toutes ses actions
contre le débiteur, ce qui rendait impossible la cession d'actions.

A l'appui de cette interprétation, nous citerons
deux textes :

Dans le premier, Ulpien décide que le fidéjusseur
reste tenu, même lorsque le créancier est convenu
avec le débiteur de ne pas lui demander le payement
de la dette, en se réservant de le demander au fidéjusseur : *Nisi hoc actum est,* dit-il, *ut duntaxat a reo non
petatur, a fidejussore petatur, tunc enim fidejussor
exceptione non utetur* (2).

Dans le second, Julien décide que le créancier qui,
ayant deux fidéjusseurs, a fait remise expresse à l'un

<hr>

(1) L. 17, D., *De fidej.*
(2) L. 21, D., *De pactis.*

d'eux, pourra agir contre l'autre sans avoir à craindre aucune exception, bien que, par son fait, il se soit mis dans l'impossibilité de céder son action contre le fidéjusseur auquel il a fait la remise : *Si ex duobus, dit-il, qui apud te fidejusserant in viginti, alter, ne ab eo peteres, quinque tibi dederit vel promiserit, nec alter liberabitur; etsi ab altero quindecim petero institueris, nulla exceptione summoveris* (1).

Ainsi le créancier est bien obligé de céder ses actions, mais seulement dans l'état où elles se trouvent; toutefois, il ne faut pas décider de même lorsqu'il s'agit de la *fidejussio indemnitatis*. Nous savons que le *fidejussor indemnitatis* ne promettait pas la même chose que le débiteur, comme dans la fidéjussion, mais seulement ce que le créancier ne pourrait obtenir du débiteur principal, *quanto minus a debitore consequi potest*. Or le *fidejussor indemnitatis* n'étant obligé que sous la condition que le débiteur ne pourra payer, ne peut être actionné qu'après la constatation de l'insolvabilité du débiteur. Il suit évidemment de là que si le créancier a abandonné ou compromis ses actions, il s'est mis dans l'impossibilité de démontrer l'insolvabilité du débiteur, et que le fidéjusseur se trouvant en dehors des termes de son engagement pourra se refuser au payement. Ainsi dans la *fidejussio* ordinaire, le créancier était bien tenu de céder ses actions, mais seulement dans l'état où elles se trouvaient; dans la *fidejussio indemnitatis*, s'il s'était mis dans l'impossibilité de les céder, ou si,

(1) L. 15, § 4, D., *De fidej.*

par son fait, elles étaient devenues inutiles, le *fide-jussor indemnitatis* pouvait repousser sa demande.

Par quel moyen le fidéjusseur pouvait-il forcer le créancier à lui céder ses actions ? Ce n'était certainement pas par voie d'action, car la fidéjussion, comme nous venons de le voir, étant un contrat unilatéral, n'engageait pas le créancier envers le fidéjusseur. Celui-ci n'avait qu'à se laisser poursuivre, et si, sur sa demande, le créancier lui refusait la cession d'actions qui lui devenaient personnellement inutiles, le fidéjusseur faisait insérer dans la formule l'exception *doli mali* ou l'exception *in factum*, et par ce moyen, obtenait son absolution.

Mais, peut-on dire, pourquoi recourir à une exception, et en cas de refus du créancier, n'eût-il pas été plus simple de ne pas délivrer la formule ? Cela est parfaitement vrai, et lorsque le dol était évident, lorsque par exemple le créancier avouait avoir conservé les actions, mais refusait de les céder, le préteur alors lui refusait simplement la délivrance de la formule qu'il demandait. Mais le dol est rarement évident ; le créancier pouvait prétendre n'avoir pas d'actions à céder, tandis que le fidéjusseur affirmait le contraire. Le préteur, dans ce cas, accordait la délivrance de la formule, mais en la modifiant par une exception *doli mali*, laquelle, si elle se trouvait établie devant le juge, faisait absoudre le fidéjusseur. De plus l'insertion de cette exception dans la formule donnait au jugé un pouvoir d'appréciation très-étendu, et lui permettait d'absoudre le défendeur, lors même que le créancier n'avait réellement plus d'actions à céder, s'il était établi que c'était par son dol qu'il s'était mis dans l'impossibilité de les céder.

Recherchons maintenant quels sont les effets de la cession d'actions à l'égard du débiteur principal et à l'égard des autres fidéjusseurs.

A l'égard du débiteur principal, le fidéjusseur succède à tous les droits et garanties dont jouissait le créancier. Les empereurs Sévère et Antonin décident en effet dans un rescrit, que le créancier qui ayant pour sûreté de sa créance une hypothèque et un fidéjusseur, poursuit le fidéjusseur, doit lui céder l'hypothèque qu'il a contre le débiteur : *Debet jus pignorum in fidejussorem transferre* (1). Mais remarquons-le bien, le bénéfice de cession d'actions fondé sur l'équité ne doit pas, en protégeant le fidéjusseur, être nuisible au créancier ; aussi le même rescrit décide que si l'hypothèque garantit une seconde dette, le fidéjusseur qui n'a cautionné que la première ne pourra en exiger la cession qu'après le payement intégral des deux dettes. Du reste, le fidéjusseur subrogé dans l'hypothèque du créancier, en exerce le droit comme aurait pu le faire le créancier lui-même, et d'après une décision de l'empereur Gordien, peut poursuivre la chose hypothéquée pour être payé sur le prix, même à l'encontre d'un tiers détenteur de cette chose (2).

A l'égard des autres fidéjusseurs, le fidéjusseur subrogé peut recourir contre eux par l'action qui appartenait au créancier ; mais une différence notable

(1) L. 2, C. *De fidej.*
(2) L. 14, C. *De fidej.*

existe entre le créancier et le fidéjusseur qui se trouve subrogé à ses droits. Le créancier pouvait actionner chacun des fidéjusseurs pour la totalité de la dette ; le fidéjusseur exerçant la même action, non-seulement devra décompter sa part personnelle dans la dette, mais de plus devra diviser ses poursuites entre les autres fidéjusseurs, et ne pourra demander à chacun d'eux que sa part dans la dette, système équitable qui a été reproduit avec raison dans notre législation française. En effet, c'est par un sentiment d'équité que les jurisconsultes romains ont établi le bénéfice de cession d'actions ; or l'équité serait blessée si, entre personnes dont la position est la même, l'une était forcée de faire à l'autre une avance pour le compte d'une troisième (1).

SECTION II.

Du bénéfice de cession d'actions accordé aux mandatores pecuniæ credendæ.

Le *mandator pecuniæ credendæ*, de même que le fidéjusseur, pouvait être poursuivi tout d'abord par le créancier son mandataire : *Qui mutuam pecuniam dari mandavit*, dit Papinien, *omisso reo promittendi et pignoribus non distractis eligi potest* (2). Le bénéfice *cedendarum actionum* avait donc la même raison d'être pour les *mandatores* que pour les fidéjusseurs ; aussi leur fut-il accordé par la jurisprudence. Il était pour eux d'une grande importance, car d'une part il ajoutait

(1) Demangeat, *De duob reis*, p. 237.
(2) L. 60, D. *Mandati*

à l'action de mandat ou de gestion d'affaires qui leur était personnelle, l'action du créancier ; d'autre part, il leur donnait, et contre leurs *comandatores*, et contre les autres débiteurs accessoires, un recours dont ils étaient dépourvus.

Le principe de la cession d'actions resta le même pour les *mandatores* que pour les fidéjusseurs ; mais les différences qui existaient entre ces deux classes d'*adpromissores*, firent établir nécessairement certaines règles pour la cession d'actions faite au *mandator* qui avait payé la dette.

Le débiteur principal et les fidéjusseurs étaient des débiteurs corréaux, ayant contracté la même obligation, et soumis tous à la même action, la *condictio*. Le payement fait par l'un d'eux éteignait donc l'obligation vis-à-vis de tous, et lorsque l'un d'eux était poursuivi, la *litis contestatio*, qui par l'effet d'une novation juridique éteignait l'obligation, les libérait tous. La cession d'actions, comme nous l'avons dit, devait donc être demandée avant le payement, si le fidéjusseur payait volontairement, et avant la *litis contestatio* s'il attendait les poursuites du créancier. Il n'en est pas de même dans le cas du *mandatum pecuniæ credendæ*. Le créancier a deux actions distinctes et indépendantes l'une de l'autre, la *condictio* contre le débiteur, et l'action *mandati contraria* contre le *mandator* ; leur cause n'est pas la même, leur but est différent, on comprend que l'extinction de l'une soit sans influence sur l'autre. La *litis contestatio* du créancier avec le *mandator*, et même la sentence prononcée laisse donc subsister l'obligation du débiteur, et réciproquement ;

— 23 —

c'est ce que décide Papinien, dans une comparaison qu'il fait entre le *mandator* et le tuteur responsable envers le pupille de ce qui peut lui être dû par des tiers : *Mandatore convento et damnato*, dit-il, *quanquam pecunia soluta sit, non liberari debitorem ratio suadet ; sed et præstare debet creditor actiones mandatori adversus debitorem, ut ei satisfiat* (1). La *litis contestatio* et même la sentence prononcée contre le *mandator*, ne libèrent pas non plus les autres *mandatores* ; ils sont bien tenus *in solidum*, mais ne sont pas débiteurs corréaux.

La cession d'actions pourra donc être demandée tant contre le débiteur principal que contre les autres *mandatores*, après la *litis contestatio*, et même après le jugement, comme le dit Papinien pour le débiteur, et comme le décide Modestin pour les *comandatores* (2).

Mais quel sera le résultat du payement ? Pour répondre à cette question, il faut distinguer entre l'obligation du *reus*, et celle des *mandatores*.

Le payement fait par le *mandator* ne libère pas le débiteur principal, qui reste obligé ; Papinien, dans la loi 95 *De solutionibus* que nous venons de citer, le dit formellement, et dans ses *Quæstiones*, nous en donne la raison : *Mandatorem debitoris solventem*, dit-il, *ipso jure reum non liberare ; propter mandatum enim suum solvit, et suo nomine* (3). Et en effet, ce que le payement fait par le *mandator* a éteint, c'est l'action

(1) L. 95, § 10, D., *De solut.*
(2) L. 41, § 1, D., *De fidej.*
(3) L. 23, D., *Mandati.*

résultant du mandat ; quant à la *condictio* résultant du *mutuum*, elle reste entière. La cession des actions contre le débiteur pourra être demandée même après le payement.

Il n'en est pas de même, du moins en principe, à l'égard des *mandatores* ; nous avons vu qu'ils ne sont libérés, ni par la *litis contestatio*, ni par le jugement. Mais ils sont en définitif débiteurs *in solidum*, et leur obligation se trouve éteinte par le payement que fait l'un d'eux : *Si unus judicio eligatur*, dit Papinien, *ab-solutione quoque secuta non liberantur, sed omnes libe-rantur pecunia soluta* (1)

Remarquons toutefois que cette règle ne s'appli-querait pas, si le *mandator* avait fait une réserve avant de payer, et était convenu avec le créancier, qu'après le payement, celui-ci lui céderait ses actions. Dans ce cas, le *mandator* est censé, non avoir ac-compli son obligation, mais avoir acheté la cession des actions ; le payement n'ayant donc pas pour but l'extinction de l'obligation, les *comandatores* ne sont pas libérés, et la cession d'actions pourra être valable-ment faite, même après le payement (2). A défaut de cette réserve, l'obligation de mandat se trouve éteinte par le payement, et à partir de ce moment la cession d'actions contre les *mandatores* devient impossible. Cependant, lorsque le *mandator* aura payé sur les poursuites du créancier, on pourra lui accorder une action utile, laquelle avait été accordée dans le même cas, par les empereurs, au tuteur qui avait payé le

(1) L. 52, § 3, D., *De fidej.*
(2) L. 76, D., *De solut.*, argum. d'analog.

pupille (1). Le cas est le même, et il y a la même raison de décider, d'autant plus que, comme nous l'avons déjà vu, très-souvent les jurisconsultes romains ont assimilé, dans notre matière, les cotuteurs aux *comandatores*.

La fidéjussion étant un contrat unilatéral, le fidéjusseur n'avait aucune action pour forcer le créancier de lui céder ses actions, et était forcé d'attendre les poursuites. Au contraire, le mandat est un contrat synallagmatique, et le créancier se trouve obligé envers son mandant; le *mandator* pourra bien, comme le fidéjusseur, attendre les poursuites, et agir par voie d'exception, si le créancier lui refuse la cession de ses actions. Mais il pourra aussi, s'il le préfère, agir directement contre lui, et le forcer, par l'action *mandati directa*, de lui céder les actions qu'il a contre le débiteur principal, et contre les débiteurs accessoires.

Dans le cas, qui devait être le plus fréquent, où le *mandator*, négligeant la voie de l'action, attendait les poursuites du créancier, il pouvait, étant *in jure*, demander la cession d'actions, et le magistrat refusait la formule au créancier qui s'y refusait. Négligeait-il de la demander *in jure*, arrivé devant le juge, il pouvait, si le créancier refusait la cession, lui opposer l'exception de dol, quoique non insérée dans la formule, car, notons-le, l'action *mandati contraria* est une action de bonne foi, et l'exception de dol est toujours sous-entendue dans les actions de cette sorte. Enfin, si le *mandator* s'est laissé condamner sans

(1) L. 1, § 13, D., *tutelæ*, arg. d'anal.

rien demander, il n'exécutera pas la sentence, et réclamera la cession lorsqu'il sera poursuivi (1).

Nous avons vu, dans la section précédente, que le
créancier était bien obligé de céder ses actions au
fidéjusseur, mais que, n'ayant contracté aucune obligation envers lui, il était quitte en lui cédant ses actions
dans l'état ou elles se trouvaient. Mais ici, dans le
cas de mandat, contrat synallagmatique, la position
est toute autre. Si le créancier a perdu ou compromis
ses actions, le *mandator* aura le droit de lui répondre :
« Vous avez dû, en vertu du mandat que je vous ai
donné, conserver vos actions pour pouvoir me les
céder; si vous ne l'avez pas fait, vous avez manqué à
votre obligation, et de mon côté je suis dispensé de
remplir la mienne. » Du reste, cette idée était menée
très-loin, car Papinien nous apprend qu'elle était
même appliquée au cas où, par plus-pétition, le
créancier avait perdu son action contre le débiteur.
*Si creditor a debitore, dit-il, culpa sua causa ceciderit,
propo est, ut actione mandati nihil a mandatore consequi
debeat: quum ipsius vitio acciderit, ne mandatori possit
actionibus cedere* (1).

SECTION III.

Bénéfice de cession d'actions accordé à ceux qui font
le pacte de constitut.

La jurisprudence romaine, qui avait accordé le
bénéfice *cedendarum actionum* aux fidéjusseurs et
aux *mandatores pecuniæ credendæ*, étendit-elle cette
faveur à ceux qui faisaient le pacte de constitut pour

(1) L. 41, § 1, D., *De fidej.*
(2) L. 93, § 11, D., *De solut.*

la dette d'autrui? Les textes que nous possédons sont muets sur cette question, et nous nous trouvons réduits aux suppositions.

On ne peut donc rien affirmer, mais il est fort probable que les tiers qui faisaient le pacte de constitut jouissaient du bénéfice de cession d'actions, car on trouve dans ce cas les mêmes motifs d'équité qui l'avaient fait accorder au fidéjusseurs et aux *mandatores*. J'ajouterai qu'on l'avait accordé aux débiteurs corréaux, à plus forte raison n'avait-on pas dû le refuser à ceux qui faisaient le pacte de constitut pour la dette d'autrui.

Mais en admettant la participation de ceux qui font le pacte de constitut au bénéfice de cession d'actions, quelle règle devait-on leur appliquer? Le pacte de constitut, à certains égards, se rapprochait du mandat, et à certains autres de la fidéjussion : c'est dans cette distinction que nous chercherons les règles qui devaient lui être appliquées, au point de vue de la cession d'actions.

L'obligation de celui qui a fait le pacte de constitut, de même que celle du *mandator pecuniæ credendæ*, est tout à fait distincte et indépendante de celle du débiteur; nous déciderons donc, comme dans le cas de mandat, que ni la *litis contestatio*, ni la sentence, n'éteignent l'obligation du débiteur principal et des autres personnes qui ont fait le pacte de constitut. Telle paraît être la doctrine d'Ulpien, qui pose cette question comme ayant fait l'objet de controverses dans l'ancien droit, et la résout dans le sens affirmatif. *Vetus fuit dubitatio*, dit-il, *an qui hac actione egit,*

*sortis obligationem consumat? Et tutius est dicere, so-
lutione potius ex hac actione facta liberationem con-
tingere, non litis contestatione, quoniam solutio ad
utramque obligationem proficit* (1). Mais il semble
résulter de ce texte, que le payement fait par un de
ceux qui ont fait le pacte de constitut, produit un
effet libératoire, aussi bien à l'égard du débiteur
principal qu'à l'égard des autres personnes qui ont fait
le pacte de constitut; en effet Ulpien ne fait aucune
distinction. La cession d'actions pourra donc être
demandée, même après le jugement, mais ne pourra
pas l'être après le payement effectué, même contre le
débiteur; sauf toutefois le cas où celui qui a fait
le pacte de constitut aurait, avant de payer, réservé
la cession d'actions. Cette réserve était valable,
comme nous l'avons vu, lorsqu'il s'agissait du mandat,
et tout porte à croire que la même disposition était
applicable dans le cas de pacte de constitut.

D'un autre côté, le pacte de constitut était un pacte
unilatéral, n'emportant aucun engagement de la
part du créancier; aussi, de même que la fidéjussion,
il n'engendrait aucune action contre le créancier au
profit de celui qui avait fait le pacte de constitut.
Il y a donc lieu de décider que le créancier n'était tenu
de céder ses actions que dans l'état où elles se trouvaient, et que le tiers qui avait fait le pacte de constitut,
comme le fidéjusseur, se trouvait dépourvu d'actions
pour forcer le créancier à la cession de ses actions,
et n'avait comme ressource que l'exception de dol à
opposer aux poursuites du créancier.

(1) L. 18, § 3, D., *De pecun const.*

CHAPITRE III.

DU BÉNÉFICE DE DIVISION.

Nous avons vu qu'en l'an 659 de la fondation de Rome, la loi Furia avait établi un bénéfice de division entre les *sponsores* et les *fidepromissores* d'une même obligation. Mais cette loi n'était applicable qu'en Italie, et de plus ne régissait pas les fidéjusseurs, créés postérieurement à cette loi ; les *sponsores* et *fidepromissores* habitant les provinces, et les fidéjusseurs étaient donc toujours tenus *in solidum*. Les premiers jouissaient bien du bénéfice de la loi Apuleia, et tous avaient droit au bénéfice *cedendarum actionum* que leur avait accordé la jurisprudence, ce qui leur assurait un recours efficace, mais chacun restait tenu de payer la totalité de la dette ; ce qui nécessitait une forte avance de fonds pour celui qui était poursuivi.

Un rescrit d'Adrien, mentionné dans les Commentaires de Gaius (1) et dans les Institutes de Justinien, vint modifier cet état de choses et permit d'éviter, et l'avance de fonds de la part d'un seul des *adpromissores*, et son recours contre les autres, sans nuire aux intérêts du créancier. Ce rescrit décide que le créancier peut être forcé de diviser ses poursuites entre les divers *adpromissores* qui sont solvables au moment de la *litis contestatio : Ex epistola divi Hadriani, compel-*

(1) Comment. III, § 121.

litur creditor a singulis, qui modo solvendo sunt litis contestatæ tempore, partes petere (1).

Telle est l'origine du bénéfice de division, institution utile et équitable s'il en fut, venant en aide aux fidéjusseurs, sans nuire en rien aux droits et aux intérêts du créancier. Favorable aux fidéjusseurs, car elle permet à chacun d'eux de ne payer que sa part dans la dette ; ne nuisant en rien aux intérêts du créancier, car on abandonne ici l'idée qui avait été le fondement du bénéfice de la loi Furia. Les fidéjusseurs se sont obligés *in solidum*, ils restent tenus *in solidum*, et le créancier n'a plus à craindre la plus-pétition s'il poursuit l'un d'eux pour le tout. Le fidéjusseur poursuivi pourra bien demander la division des poursuites ; mais cette division ne s'effectuera qu'entre les fidéjusseurs solvables ; et l'insolvabilité de l'un d'eux sera supportée par les autres, au lieu de l'être par le créancier, comme l'avait décidé la loi Furia, contrairement à toute idée de droit et de justice.

Est-ce à dire que le bénéfice de division fit abandonner dans la pratique le bénéfice de cession d'actions ? Non certainement. Chacun de ces bénéfices avait son utilité particulière, et devait être, selon les cas, employé de préférence à l'autre ; le plus souvent même il était prudent pour le fidéjusseur de les demander tous deux.

Si le débiteur principal était parfaitement solvable, le fidéjusseur ayant son recours assuré, avait intérêt à employer le bénéfice de division qui lui permettait

(1) Instit , § 1, *De fidej.*

de ne faire l'avance que d'une partie de la dette. Si au contraire le débiteur était insolvable, et avait donné des sûretés au créancier pour garantie de la créance, le fidéjusseur devait user du bénéfice de cession d'actions; il était bien obligé de payer la totalité de la dette, mais il avait son recours assuré. Du reste, dans ce cas, le fidéjusseur avait intérêt à cumuler les deux bénéfices; le bénéfice de division lui permettait de n'avancer que sa part de la dette, et le bénéfice de cession d'actions lui donnait un recours assuré contre le débiteur, pour ce qu'il avait payé. Si enfin le débiteur était complétement insolvable, même vis-à-vis du créancier, le fidéjusseur avait évidemment intérêt à employer le bénéfice de division; mais il devait de plus demander la cession d'actions, car si certains des cofidéjusseurs, insolvables au moment de la division, revenaient à meilleure fortune, c'était le seul moyen de recourir contre eux pour la part qu'ils auraient dû supporter dans la dette.

Le bénéfice de division fut étendu aux *mandatores pecuniæ credendæ*, mais avec certaines règles particulières à cette classe de cautions. Nous en parlerons après avoir étudié les règles propres aux fidéjusseurs.

SECTION PREMIÈRE.

Du bénéfice de division accordé aux fidéjusseurs.

Pour que le bénéfice de division pût être invoqué, il fallait que les fidéjusseurs fussent obligés *in soli-*

dum pour la même dette et pour le même débiteur.

Deux conditions étaient donc nécessaires :

1° — Les fidéjusseurs devaient être obligés pour la même dette, car autrement ils étaient étrangers l'un à l'autre, et n'étaient pas cofidéjusseurs ; ils devaient de plus être obligés chacun pour la totalité de cette dette. La division n'avait donc lieu qu'entre les fidéjusseurs qui avaient promis de payer la totalité de la dette : *Inter eos fidejussores actio dividenda est*, dit Papinien, *qui solidum et partes viriles fide sua esse jusserunt* (1). Si les fidéjusseurs avaient promis *solidum aut partes viriles*, il y aurait là une obligation alternative qu'on interprète toujours de la manière la plus favorable pour le débiteur, et dans laquelle on ne considère que l'obligation la moins onéreuse pour lui. Aussi Papinien ajoute que, dans ce cas, chacun dès l'origine ne doit que sa part virile ; il n'y aurait donc pas lieu ici de demander le bénéfice d'Adrien tout à fait inutile dans l'espèce, puisque, par les termes de l'engagement, la division se trouve toute faite de plein droit.

2° — Les fidéjusseurs devaient être intervenus pour le même débiteur. Sur cette question, Pomponius nous donne l'exemple suivant : Je stipule de Titius une somme d'argent, et vous intervenez comme fidéjusseur ; je stipule ensuite la même somme d'un tiers qui donne aussi un fidéjusseur pour garantie de son obligation. Les deux fidéjusseurs ne sont pas cofidéjusseurs, parce qu'ils sont intervenus pour des débi-

(1) L. 51, D., *De fidej.*

teurs différents, *confidejussores non erunt*, dit Pomponius, *quia diversarum stipulationum fidejussores sunt* (1) ; ils ne pourront donc pas invoquer le bénéfice de division.

Papinien, comme application de la même règle, nous présente une hypothèse analogue : Deux débiteurs corréaux, *duo rei promittendi*, ont donné séparément des fidéjusseurs ; ceux-ci ne sont pas cofidéjusseurs, car ils n'ont pas cautionné le même débiteur ; le créancier ne pourra donc pas être forcé de diviser son action entre tous les fidéjusseurs. Mais remarquons que rien n'empêche le créancier de diviser, s'il le veut, son action entre tous les fidéjusseurs, comme il pourrait le faire entre les *duo rei promittendi* (2).

Ulpien nous cite un autre cas, auquel notre règle est parfaitement applicable, c'est celui du *fidejussor fidejussoris*, nommé de nos jours certificateur de caution. Le *fidejussor fidejussoris*, nous dit Ulpien, ne peut pas demander la division entre lui et le fidéjusseur qu'il a cautionné ; pourquoi ? *Quia loco rei est*, dit le jurisconsulte, et qu'il n'y a pas de division possible entre le débiteur et son fidéjusseur (3). Cette raison est bonne, mais on pourrait dire aussi qu'il n'y a pas de division possible, parce que le fidéjusseur et son certificateur n'ont pas cautionné le même débiteur, et ne sont par conséquent pas cofidéjusseurs ; en effet, le fidéjusseur a cautionné l'obligation du dé-

(1) L. 43, D., *De fidej.*
(2) L. 51, § 2, D., *De fidej.*
(3) L. 27, § 4, D., *De fidej.*

biteur, tandis que le *fidejussor fidejussoris* s'est porté caution pour l'obligation du fidéjusseur.

Mais si de deux fidéjusseurs, l'un a donné un *fidejussor fidejussoris*, celui-ci pourra parfaitement demander la division contre le fidéjusseur pour lequel il n'est pas intervenu, car, dans l'espèce, il agit au nom et exerce les droits de celui qu'il a cautionné, et il est certain que le fidéjusseur aurait pu demander la division contre son cofidéjusseur (1).

Ainsi, du moins en principe, les fidéjusseurs qui s'étaient obligés *in solidum*, pour la même dette et pour le même débiteur, pouvaient invoquer le bénéfice de division. Mais, par exception, cette faveur avait été refusée à certains fidéjusseurs :

1° — Le bénéfice de division était refusé au fidéjusseur qui avait commencé par nier sa qualité de fidéjusseur : *Inficiantibus auxilium divisionis non est indulgendum*, dit Ulpien (2). C'était une des nombreuses peines attachées à l'*inficiatio*, et l'on comprend parfaitement que le bénéfice de division, disposition toute de faveur, ait été refusé à ceux qui s'en étaient rendus indignes par leur mauvaise foi.

2° — Le bénéfice de division était encore refusé aux fidéjusseurs d'un tuteur. Les fidéjusseurs se trouvaient en présence du pupille, que la loi romaine couvrait, il est vrai, d'une protection exagérée, mais qui, il faut le reconnaître, ne choisissait pas son tuteur, *incidit in tutorem et ignorat omnia*, nous dit

____

(1) L. 27, § 4, D., *De fidej*.
(2) L. 10, § 1, D., *De fidej*.

Papinien (1) ; il n'eût donc pas été juste de lui imposer l'obligation de diviser son action entre les divers fidéjusseurs, à cause de l'insolvabilité de son tuteur.

Est-ce à dire que les fidéjusseurs d'un tuteur ne jouirent jamais du bénéfice de division? Non certainement. Les fidéjusseurs poursuivis ne pouvaient pas, comme nous venons de le dire, invoquer le bénéfice de division, mais ils pouvaient dire au pupille : Poursuivez d'abord le tuteur, et nous vous promettons de payer tout ce que vous ne pourrez obtenir de lui. Il se formait alors une espèce de novation, car les fidéjusseurs, au lieu de promettre *rem pupilli salvam fore*, s'engageaient à payer *quod a tutore servari non potuisset;* ils rentraient donc dans le droit commun, et lorsque le pupille, après avoir discuté le tuteur, revenait contre eux, ils pouvaient parfaitement lui opposer le bénéfice de division : *Placuit inter eos qui solvendo essent,* dit Papinien (2), *actionem residui dividi;* et il nous en donne la raison, *quod onus fidejussorum susceptum videtur,* parce que l'ex-pupille a assumé une charge qui pesait sur les fidéjusseurs, disent Cujas et Pothier. Mais je préfère la traduction plus rationnelle qu'a donnée M. Demangeat: « Parce que les garants sont censés avoir pris le rôle de fidéjusseurs ordinaires (3). » Du reste, cette question est purement doctrinale, et quelle que soit l'interprétation qu'on adopte

<hr>

(1) L. 12, D., *rem pup. salv. fore.*
(2) L. 7, D., *De fidej. et nominat.*
(3) Demangea¹, *De duob. reis,* p. 188.

pour le texte de la loi 7, la solution est la même, et il reste établi que, dans l'espèce, les fidéjusseurs pouvaient invoquer le bénéfice de division.

3° — Les fidéjusseurs ne pouvaient pas invoquer le bénéfice de division, lorsqu'ils y avaient renoncé expressément ou tacitement

Et d'abord, la renonciation pouvait être tacite. Cela résulte des Institutes, qui prévoient le cas où le fidéjusseur, renonçant par là même au bénéfice de division, s'est laissé condamner pour le tout, et décident que si le débiteur est insolvable, ce fidéjusseur en supportera seul le détriment, puisqu'il aurait pu recourir au rescrit d'Adrien (1).

Nous trouvons aussi, à l'appui de notre proposition, un rescrit des empereurs Sévère et Antonin : on avait soutenu que, lorsque deux fidéjusseurs s'engageaient *in solidum*, les termes de leur engagement renfermaient une renonciation tacite au bénéfice de division. Les empereurs décident la question en sens contraire : Lorsque deux fidéjusseurs se sont engagés *in solidum*, disent-ils, on ne peut voir là une renonciation tacite, et ils pourront parfaitement invoquer le bénéfice de division. La clause *in solidum*, en effet, ne change rien à la position des fidéjusseurs, car à défaut de cette clause, chacun n'en serait pas moins tenu pour le tout, et l'obligation se diviserait entre eux pour leur part virile s'ils étaient solvables ! *Nam et quum hoc non adjudiciatur* (la clause *in solidum*),

<hr>

(1) Instit., § 4, De fidej.

singuli tamen in solidum tenentur, sed ubi sunt omnes idonei, in portionem obligatio dividitur (1).

Quant à la renonciation expresse, les textes sont muets à son égard, mais je crois qu'on doit l'admettre, car la loi romaine qui autorisait la renonciation tacite, devait à plus forte raison permettre la renonciation expresse. J'ajouterai qu'en principe, celui à qui l'on accorde une faveur peut toujours, à moins d'une disposition spéciale de la loi, y renoncer, et rentrer sous l'empire du droit commun; or le bénéfice de division était une disposition de faveur, et le fidéjusseur devait avoir le droit d'y renoncer pour se replacer dans le droit commun. On a dit qu'une fois la renonciation expresse admise, elle deviendrait une clause de style dans les actes, et annulerait en fait le bénéfice de division; je réponds que cela a pu en effet se présenter très-souvent, mais ne pouvait devenir une règle générale, car le fidéjusseur n'est pas forcé de donner son concours, et n'est nullement soumis à la loi du créancier.

En accordant aux fidéjusseurs le bénéfice de division, l'empereur Adrien voulait venir à leur secours, mais sans préjudicier aux droits du créancier, lequel devait rester assuré du payement intégral de la dette. Aussi fut-il décidé que la division n'aurait lieu qu'entre les fidéjusseurs solvables, et cette solvabilité, nous disent les Institutes, devait exister au moment de la *litis contestatio*; de cette manière, les insolvabilités antérieures à cette époque se trouvaient, et

(1) L. 3, C., *De fidej.*

avec raison, supportées par les fidéjusseurs solvables, et non par le créancier.

Si à l'époque de la division, un des cofidéjusseurs était mort, ses héritiers prenaient sa place, et représentaient dans la division de l'obligation la part de ce fidéjusseur, comme aussi, s'ils étaient poursuivis, ils pouvaient invoquer le bénéfice de division contre les autres fidéjusseurs. On décidait de même dans le cas où le fisc était devenu propriétaire des biens d'un des fidéjusseurs ; il avait les biens, il était juste qu'il supportât une part de la dette. Aussi Papinien nous dit que, dans la division, on devait en tenir compte, comme on l'aurait fait pour l'héritier d'un fidéjusseur, *ut heredis, ita fisci rationem haberi opportet* (1).

Comment appréciait-on la solvabilité des différents fidéjusseurs ? Il n'y avait pas, je crois, de règles certaines sur ce point, et lorsqu'il y avait contestation de la part du créancier, la question restait soumise à l'appréciation du juge, qui était libre de refuser ou d'admettre les preuves qu'on lui apportait. Remarquons toutefois, et ceci n'a pas besoin de démonstration, que lorsqu'on mettait en question la solvabilité d'un fidéjusseur, lequel avait donné un certificateur, on devait tenir compte de la solvabilité de ce certificateur : *Si quæratur*, dit Ulpien, *an solvendo sit principalis fidejussor, etiam vires sequentis fidejussoris ei aggregandæ sunt* (2).

Lorsque, sur l'exception opposée par le fidéjusseur, le créancier contestait la solvabilité des autres fidé-

---

(1) L. 51, § 5, D., *De fidej.*
(2) L. 27, § 2, D., *De fidej.*

jusseurs, et que le fidéjusseur poursuivi ne pouvait en apporter la preuve, il lui restait un moyen d'obtenir la division des poursuites. « Je vais vous donner caution, disait-il au créancier, et vous poursuivrez mes cofidéjusseurs à mes risques et périls. » Le créancier était obligé d'accéder à cette demande lorsqu'elle réunissait deux conditions, la caution donnée par le fidéjusseur, et la présence des fidéjusseurs à discuter, *si satisdationes offerat*, dit Ulpien, *et omnes confidejussores præsto sint* (1). Cette division exceptionnelle admise en faveur du fidéjusseur poursuivi, ne devait pas en effet nuire au créancier : elle lui imposait bien quelques difficultés et quelques retards pour le recouvrement de sa créance, mais elle ne lui causait aucune perte, puisqu'il n'exerçait les poursuites qu'aux risques et périls du fidéjusseur, et que si ces poursuites n'aboutissaient pas, il pouvait revenir contre lui, et pour le montant intégral de la dette, et pour le remboursement des frais de poursuites, sans courir d'ailleurs aucun risque, puisque le fidéjusseur avait tout d'abord donné caution. Mais pourquoi exiger la présence des cofidéjusseurs à discuter? C'est que l'assignation, l'*in jus vocatio* était impossible contre un absent; et que, malgré la *missio in possessionem* des biens du défendeur absent, introduite par le préteur, les poursuites contre les fidéjusseurs absents, si le créancier avait été obligé de les exercer, auraient été fort longues, fort difficiles, au grand préjudice des intérêts du créancier, et auraient même pu souvent aboutir à une impossibilité.

(1) L. 10, D. *De fidej.*

Cette question incidente va nous donner la solution d'une autre question. Les fidéjusseurs absents devaient ils être comptés dans la division? Quoiqu'il n'y ait pas sur ce point de texte formel, je n'hésite pas à me prononcer pour la négative, et à décider que le fidéjusseur absent doit être assimilé à un insolvable et exclu de la division. Dans le cas de division exceptionnelle que nous venons de voir, et qui nous est présenté par la loi 10, le créancier ne court aucun risque, et n'a pas même à supporter les frais de poursuites; cependant la loi romaine vient dire qu'il ne peut être obligé de diviser son action s'il y a des fidéjusseurs absents, à cause des difficultés et des longueurs que les poursuites entraîneraient dans ce cas. A bien plus forte raison, devait-il en être ainsi dans l'application directe du bénéfice de division; si en effet on y comprenait des fidéjusseurs absents, le créancier n'avait plus à craindre seulement des difficultés et des lenteurs, mais encore des frais qui restaient à sa charge, et même la perte d'une partie de sa créance. Les fidéjusseurs absents devaient être exclus de la division, car si on les y avait admis, on aurait porté une grave atteinte aux droits du créancier, et violé le principe d'équité, sur lequel repose le bénéfice de division d'Adrien. Du reste, même en écartant cette interprétation, on peut soutenir que les fidéjusseurs, s'ils n'étaient pas exclus de droit de la division, pouvaient cependant en être écartés. Le juge en effet, nous l'avons vu plus haut, avait, pour apprécier la solvabilité des différents fidéjusseurs, un pouvoir fort étendu, qui lui donnait le droit de considérer comme insolvable le fidéjusseur qui n'était pas présent.

Que faut-il décider si les fidéjusseurs sont, non plus insolvables, mais incapables ; devront-ils compter dans la division ? Papinien prévoit à ce sujet deux hypothèses qu'il nous faut examiner :

1° — Titius et Seia ont cautionné la dette de Mœvius ; le créancier pourra poursuivre Titius pour le tout, sans que celui-ci puisse invoquer le bénéfice de division, car il a pu savoir, ou du moins n'a pas dû ignorer que le sénatus-consulte Velléien défend à la femme de faire acte d'intercession pour la dette d'autrui (1).

2° — Le fidéjusseur incapable est, non plus une femme, mais un mineur. Si ce mineur se fait restituer *in integrum*, le fidéjusseur majeur devra-t-il être privé du bénéfice de division, et supportera-t-il seul tout le poids de l'obligation? La question est délicate, car le fidéjusseur majeur a très-bien pu ignorer l'âge de son cofidéjusseur, sans être pour cela en faute; que répond le jurisconsulte? *Sed ita demum alteri totum irrogandum est*, dit-il, *si postea minor intercessit, propter incertum œtatis ac restitutionis* (2).

Ce texte obscur a donné lieu à plusieurs interprétations.

Papinien, dit Cujas (3), distingue deux cas. Le fidéjusseur capable est-il intervenu avant l'engagement du mineur, il peut être poursuivi pour le tout;

(1) L. 48, D., *De fidej*.
(2) L. 48, § 1, D., *De fidej*.
(3) Comment. in libro *Quæst*. Papin., t. IV, p 263 et seq.

est-il intervenu en même temps que le mineur, il doit obtenir le bénéfice de division, *propter incertum ætatis ac restitutionis*, parce que le majeur ne connaissait pas l'âge du mineur, et la possibilité d'une restitution.

Cette interprétation me paraît bien difficile à admettre, car Cujas n'explique nullement le texte, mais le complète pour les besoins de sa cause. Le motif que nous donne Papinien, dit-il, ne s'applique pas au cas prévu par le texte, mais au cas où le fidéjusseur majeur est intervenu en même temps que le mineur, cas que le jurisconsulte a, il est vrai, passé sous silence, mais que l'on peut tirer du texte par un argument *a contrario*.

Mais, étant donnée cette interprétation, je ne vois plus pourquoi le fidéjusseur majeur est tenu pour le tout *si postea minor intercessit*. Dira-t-on avec Pothier (1) qu'il était seul en s'engageant, et n'a pas pu, par conséquent, espérer une division de l'obligation? Je répondrai que, pour être bonne, cette raison devrait s'appliquer à tous les cas semblables; or quand il s'agit de fidéjusseurs capables, il est certain qu'ils peuvent invoquer le bénéfice de division, sans distinguer s'ils se sont ou non engagés simultanément.

Pour moi, je crois avec Godefroy (2) qu'il faut lire le texte tel qu'il est, et dire : Si le fidéjusseur capable est intervenu avant le fidéjusseur incapable, il n'aura pas le bénéfice de division, *propter incertum ætatis ac*

(1) Pothier, Pand., *De fidej.*, LVII, *ad notam*.
(2) Godefroy, D. L., 48, § 1, *De fidej.*, *ad notam*.

restitutionis, parce que la fidéjussion du mineur est une chose incertaine et précaire, qui ne peut améliorer la situation du majeur.

Ainsi, d'après notre interprétation, la loi 48 ne prévoit qu'un cas, celui où le fidéjusseur incapable ne s'est engagé que postérieurement au fidéjusseur capable, et dispose que le bénéfice de division ne doit pas être accordé dans ce cas, et que le fidéjusseur majeur doit supporter seul le poids de la dette. Mais que faut-il décider pour le cas où la fidéjussion a été simultanée, cas qui, selon nous, n'est pas prévu par la loi 48? Certains auteurs, s'appuyant sur le même argument *à contrario* tiré par Cujas des termes de la loi 48, ont soutenu que si le fidéjusseur majeur s'était obligé en même temps que le mineur, il pourrait invoquer le bénéfice de division. Toutefois, ont-ils dit, il n'en sera ainsi que lorsque le majeur aura ignoré la minorité de son cofidéjusseur, et c'est en ce sens que Papinien oppose le cofidéjusseur du mineur à celui de la femme ; si au contraire le fidéjusseur majeur a connu la minorité de son cofidéjusseur, il se trouve dans la même position que le cofidéjusseur de la femme, et comme il a pu prévoir la possibilité d'une *restitutio in integrum*, on devra lui refuser le bénéfice de division.

Ce système ne me semble pas bon ; il ne repose que sur un argument *à contrario*, argument de peu de valeur en soi, et de plus, me paraît contraire aux véritables principes de la fidéjussion. Les fidéjusseurs, en principe, sont tenus de la totalité de la dette ; ils jouissent bien du bénéfice d'Adrien, mais ils n'en doivent

pas moins supporter l'insolvabilité de leurs cofidéjusseurs, et cela dans tous les cas, sans distinguer si l'engagement des divers fidéjusseurs a été simultané ou
non, sans distinguer non plus s'ils ont pu prévoir ou
non l'insolvabilité probable de l'un ou plusieurs d'entre eux. Or la *restitutio in integrum* obtenue par un
mineur, équivaut d'une manière absolue à une insolvabilité; elle doit donc, comme l'insolvabilité, être
supportée dans tous les cas par les autres fidéjusseurs.
J'ajouterai qu'on ne peut pas dire que le créancier a
voulu prendre à sa charge les risques de la *restitutio
in integrum* du mineur, puisque, en exigeant un autre
fidéjusseur, il a justement montré qu'il voulait se
garantir contre cette restitution.

Pour résumer cette longue question, je dirai que
l'incapacité doit être assimilée à l'insolvabilité, pour
l'application du bénéfice de division; qu'il s'agisse
d'une femme ou qu'il s'agisse d'un mineur, que l'engagement ait été simultané ou non, que les majeurs
aient ignoré ou connu l'incapacité de leur cofidéjusseur, le résultat doit être le même. La femme et le
mineur, de même que l'insolvable, devront dans tous
les cas être écartés de la division, et leurs cofidéjusseurs devront supporter seuls le poids de la dette.
Mais, dira-t-on, puisque la *restitutio in integrum* doit
être assimilée à l'insolvabilité, pourquoi les jurisconsultes romains n'ont-ils pas admis la règle qui a été
adoptée dans notre législation française, et décidé que
tant que la *restitutio in integrum* n'a pas été obtenue,
le fidéjusseur mineur doit être considéré comme capable, et être compté dans la division, sauf au créan-

cier à revenir contre les autres fidéjusseurs, si le créancier obtient par la suite la *restitutio in integrum?* Je réponds que cette règle, fort rationnelle en soi, ne pouvait être admise dans la législation romaine, car elle était inconciliable avec l'effet extinctif de la *litis contestatio.* Le fidéjusseur mineur était donc forcément, et dans tous les cas, exclu de la division; mais le fidéjusseur capable avait la ressource de demander la cession des actions du créancier, et pouvait, si par la suite le mineur négligeait de demander la *restitutio in integrum,* revenir contre lui pour lui faire supporter sa part de la dette.

En terminant cette question de capacité, remarquons, avec Papinien, que si le fidéjusseur mineur n'est intervenu que par suite du dol du créancier, la *restitutio in integrum* et même la simple incapacité du mineur, n'empêchera pas le fidéjusseur majeur d'invoquer le bénéfice de division, quels que soient les cas, que l'engagement ait été simultané ou non, car le jurisconsulte ne distingue pas. C'est une peine édictée contre le créancier, qui, en raison de son dol, doit supporter seul le préjudice que lui cause la *restitutio in integrum* obtenue par le mineur (1).

Il nous reste à voir si le bénéfice de division peut être invoqué, lorsque les fidéjusseurs, tous solvables et capables, se trouvent engagés sous des modalités différentes. Supposons par exemple deux fidéjusseurs, dont l'un s'est engagé purement et simplement, l'autre à terme ou sous condition; le premier, dont l'obliga-

(1) L. 48, § 1, D., *De fidej.*

tion se trouve exigible, pourra-t-il, lorsqu'il sera poursuivi, invoquer le bénéfice de division? Ulpien, reproduisant une décision de Pomponius, nous donne de cette question une excellente solution, conforme en tous points aux principes de droit et d'équité : « Toutes les fois, dit-il, qu'il s'agit d'un terme, ou tant que la condition sera susceptible de se réaliser, le fidéjusseur pur et simple pourra demander la division de l'obligation, et le créancier ne pourra provisoirement le poursuivre que pour sa part dans la dette ; il est en faute d'avoir accepté un fidéjusseur à terme ou sous condition, et il doit en supporter les conséquences. Mais si, par la suite, la condition vient à manquer, ou si, ce qui reviendrait au même, au moment de l'avénement du terme ou de la réalisation de la condition, le fidéjusseur est devenu insolvable, le créancier pourra alors agir de nouveau contre le fidéjusseur qui s'était engagé purement et simplement, et lui réclamer tout ce qui reste à payer de la dette (1). »

La division de l'obligation n'a pas lieu de plein droit, *inter fidejussores non ipso jure dividitur obligatio ex epistola divi Hadriani*, nous dit Gaius (2); les fidéjusseurs qui veulent user du bénéfice de division doivent donc l'invoquer. Si le fidéjusseur poursuivi ne réclame pas ce bénéfice, il est condamné *in solidum*, et comme il n'a payé que ce qu'il devait, il n'aura pas d'action en répétition contre le créancier, et n'aura d'autre ressource que l'exercice de son ac-

(1) L. 27, D. *De fidej.*
(2) L. 26, D., *De fidej.*

tion personnelle de mandat ou de gestion d'affaires, ainsi que l'exercice des actions du créancier, s'il a eu soin de se les faire céder en temps utile.

Ainsi le bénéfice de division devait être demandé; mais quel était le moment à partir duquel la demande ne pouvait plus être faite par le fidéjusseur poursuivi? Sur ce point, les anciens auteurs n'étaient pas d'accord.

Les uns, comme Pothier (1) et Vinnius (2), soutenaient qu'on pouvait invoquer le bénéfice de division tant que la sentence n'était pas prononcée, se fondant en cela sur un rescrit de l'empereur Alexandre, formant la loi 10, *De fidejussoribus*, au Code, lequel, du moins à l'époque de Pothier, semblait décider victorieusement la question dans ce sens : « *Ut autem is qui cum altero fidejussit, non solus conveniatur, sed dividatur actio inter eos qui solvendo sunt,* ANTE CONDEMNATIONEM *ex ordine postulari solet* (3).»

D'autres, comme Cynus, laissant de côté cette loi, et se fondant sur les principes généraux du droit, pensaient que le bénéfice devait être invoqué avant la *litis contestatio.*

L'opinion de Pothier a été universellement abandonnée comme contraire aux principes du droit romain. En effet, l'action du créancier contre le fidéjusseur est une action de droit strict, une *condictio;* or, dans une action de ce genre, le pouvoir du juge était limité aux termes même de la formule; et si la

(1) Pothier, Pandect. LIX, *De fidej.*
(2) Vinnius, *Quœst*, lib. 2, § 4.
(3) L. 10, § 1, C., *De fidej.*

formule ne contenait que l'ordre de condamner le défendeur *in solidum*, sans aucune exception insérée en
sa faveur, le juge n'avait pas le droit, comme il aurait
pu le faire dans une action de bonne foi, d'en sous-en-
tendre aucune, et par conséquent, ne pouvait accorder la division de l'obligation lorsqu'elle était demandée *in judicio*. Ce n'est pas tout ; nous savons que la
litis contestatio, opérant une novation juridique de
l'obligation, libérait par là même et le *reus* et tous les
autres fidéjusseurs ; on ne pouvait donc plus, à partir de ce moment, demander la division, puisque les
cofidéjusseurs n'étaient plus tenus d'aucune obligation.

Mais comment expliquer la loi 10, sur laquelle Pothier faisait reposer son système, et d'après laquelle
le fidéjusseur pouvait toujours invoquer le bénéfice
de division *ante condemnationem* ? J'avoue qu'à l'é-
poque où vivait ce jurisconsulte, l'explication était
difficile dans le système de Cynus, et c'est ce qui avait
donné lieu à une telle divergence d'opinions. Mais la
découverte des Commentaires de Gaius est venue
donner le sens du mot *condemnatio*, et trancher la
question dans le sens de Cynus. Gaius, en effet, nous
apprend que le mot *condemnatio* signifie, non pas la
sentence ou jugement, comme l'avait pensé Pothier,
mais bien la dernière partie de la formule délivrée
par le préteur, partie qu'on nommait *condemnatio*, et
par laquelle ce magistrat donnait au juge le pouvoir
de condamner ou d'absoudre. Par conséquent, ce que
l'empereur Alexandre décide dans son rescrit, c'est
que le bénéfice de division doit être demandé avant

la délivrance de la formule, ou, en d'autres mots,
avant la *litis contestatio*.

. Voyons maintenant comment le bénéfice doit être
invoqué. Le créancier poursuivant un fidéjusseur
l'amène devant le magistrat, et demande contre lui
la délivrance d'une formule d'action pour la totalité de
la dette ; le fidéjusseur oppose à la prétention du
créancier l'existence d'un cofidéjusseur solvable, invoque le bénéfice de division, et demande que l'action ne soit donnée contre lui que jusqu'à concurrence de la moitié de la dette, se réservant même de
prouver devant le juge qu'il ne doit pas être condamné, par exemple à cause de l'extinction de la
dette. Alors, de deux choses l'une : ou le créancier
reconnaît l'existence d'un cofidéjusseur solvable, ou
il la conteste. Dans le premier cas, le préteur fera
lui-même la division, et ne donnera action contre le
fidéjusseur poursuivi que pour la moitié de la dette ;
dans le deuxième cas, il délivrera la formule d'action
pour la totalité, mais en ajoutant à la formule l'excep-
ception *nisi et celeri so'vendo sint*, au moyen de laquelle le fidéjusseur poursuivi pourra devant le juge
justifier de la solvabilité du cofidéjusseur, et prouver
qu'il y a lieu de le faire profiter du bénéfice d'Adrien :
Si contendat fidejussor ceteros solvendo esse, dit Paul,
*etiam exceptionem ei dandam si non et illi so'vendo
sint* (1).

Quels sont les effets que produit le bénéfice de division, lorsqu'il a été accordé au fidéjusseur qui l'a in-

---

(1) L. 23, D., *De fidej.*

voqué? L'effet immédiat qui se produit, c'est d'obliger le créancier à diviser ses poursuites, et à ne demander aux fidéjusseurs déclarés solvables et compris dans la division, que leur part et portion virile dans la dette. Mais comment faudra-t-il calculer cette portion? Faudra-t-il la calculer d'après la somme qui était due à l'origine, ou seulement d'après ce qui reste à payer? Papinien répond à cette question, et décide qu'il faut toujours, pour faire la division, considérer la somme due au moment de la *litis contestatio.*

Je m'explique : Deux fidéjusseurs ont cautionné une dette se montant à 30 sous d'or; avant toute poursuite, l'un des fidéjusseurs a payé au créancier 10 sous d'or, puis le créancier poursuit ce même fidéjusseur qui invoque le bénéfice de division. Si l'on considère la dette primitive de 30 sous d'or, dans laquelle la part virile de ce fidéjusseur était de 15, il semble qu'il n'est plus obligé que pour 5 sous d'or, puisque antérieurement il en a payé 10 ; d'après ce raisonnement, la division devrait être faite de telle sorte que le premier fidéjusseur ne pût être actionné que pour le reliquat de sa part virile, c'est à-dire pour 5 sous d'or, tandis que son cofidéjusseur le serait pour 15. Ce n'est cependant pas ce que décide Papinien, qui nous apprend que le premier fidéjusseur, malgré le payement qu'il a fait, restera obligé de payer 10 sous d'or, parce que la division ne porte que sur la somme due au moment de la *litis contestatio : Eam enim quantitatem inter eos qui solvendo sunt, dividi convenit, quam litis contestatæ tempore singuli de-*

bent (1). Cette décision est conforme au droit, mais le jurisconsulte lui-même la trouve trop rigoureuse, car il ajoute aussitôt, qu'en pareil cas, on devra, par raison d'équité et d'humanité, accorder au fidéjusseur l'exception de dol contre le créancier qui voudrait opérer entre les cofidéjusseurs une division aussi injuste.

Nous avons déjà dit que la division de l'obligation n'a lieu qu'entre les fidéjusseurs solvables au moment de la *litis contestatio;* mais si quelques-uns d'entre eux deviennent insolvables, sur qui retombera la charge de leur insolvabilité? Pour répondre à cette question, il faut distinguer entre les insolvabilités antérieures à la *litis contestatio*, et celles qui ne sont survenues qu'après.

Un des fidéjusseurs devient-il insolvable avant la *litis contestatio*, son insolvabilité est à la charge des autres, *si quis ex fidejussoribus litis contestæ tempore solvendo non sit, hoc cæteros onerat* (2) ; d'où il résulte, qu'au point de vue de la division, le fidéjusseur insolvable est traité comme s'il n'existait pas. Il ne faut pas, en effet, que le bénéfice de division porte préjudice au créancier; ce qui arriverait si on pouvait comprendre dans la division un fidéjusseur insolvable.

L'un des fidéjusseurs est devenu insolvable, mais seulement après la *litis contestatio*, c'est-à-dire après que la division a été effectuée ; sa part de la dette ne tombera pas à la charge de ses cofidéjusseurs, dont la

(1) L. 51, § 1, D., *De fidej.*
(2) Instit., § 4, *De fidej.* L. 26, D., *De fidej.*

position est définitivement fixée. L'insolvabilité restera tout entière à la charge du créancier ; il aurait
pu poursuivre immédiatement le fidéjusseur, et doit
supporter seul le préjudice causé par sa négligence.
Il faut décider ainsi, même si le créancier est un mineur de 25 ans, car il n'a fait qu'user du droit commun, et ne peut prétendre avoir été trompé : *Nec
auxilio defendetur ætatis actor*, dit Papinien ; *non
enim deceptus videtur jure communi usus* (1). Bien
plus, supposons que par suite de la négligence, et
même de la fraude d'un tuteur, un des fidéjusseurs
n'a pas été poursuivi, et est devenu insolvable postérieurement à la *litis contestatio*, le pupille pourra
bien recourir contre son tuteur, mais ne pourrase faire
restituer *in integrum* contre la division (2). La règle est
absolue, et toute insolvabilité postérieure à la *litis contestatio* est, dans tous les cas, à la charge du créancier.

Cette décision peut paraître bien dure, si l'insolvabilité du fidéjusseur est survenue avec une rapidité
telle qu'il a été impossible au créancier de poursuivre
utilement. Bien plus, le créancier, *in jure*, a contesté
la solvabilité d'un fidéjusseur ; puis cette solvabilité
ayant été établie *in judicio*. la division a été prononcée par le juge. Mais ce fidéjusseur est devenu insolvable pendant le temps qui s'est écoulé
entre la *litis contestatio* et la sentence ; le créancier
devra-t-il supporter le préjudice causé par son insolvabilité ? Cela me paraît bien difficile à admettre,
malgré les règles strictes de la procédure romaine,

(1) L. 51, § 4, D., *De fidej.*
(2) L. 52, § 1, D., *De fidej.*

et malgré les décisions absolues des textes qui, tous, ne considèrent qu'un moment, celui de la *litis contestatio*. Pour moi, je pense que, dans certains cas, on devait faire intervenir dans cette question des principes d'équité.

SECTION II.

Du bénéfice de division accordé aux mandatores pecuniæ credendæ.

Les *mandatores pecuniæ credendæ* jouissaient, de même que les fidéjusseurs, du bénéfice de division ; de nombreux textes, tant au Digeste qu'au Code, ne permettent pas d'en douter. Mais quelle est, quant à eux, l'origine de ce bénéfice ? leur fut-il accordé par le rescrit d'Adrien en même temps qu'aux fidéjusseurs, ou ne serait-ce pas plutôt la jurisprudence qui le leur accorda par une considération d'équité ?

Nous trouvons au Code une Constitution de Justinien, la même qui accorde le bénéfice de division à ceux qui font le pacte de constitut, dans lequel l'empereur dit formellement que le rescrit d'Adrien s'appliquait aux *mandatores* comme aux fidéjusseurs : *Divi Hadriani epistolam, quæ de periculo dividendo inter mandatores et fidejussores loquitur* (1). Il semblerait donc, d'après cela, que le bénéfice de division fut accordé aux *mandatores* en même temps qu'aux fidéjusseurs.

Ce n'est cependant pas l'opinion qui a prévalu, et pour moi, j'incline à croire que le rescrit d'Adrien ne

(1) L. 3, C., *Const. pecun.*

s'appliquait qu'aux fidéjusseurs, et que le bénéfice de division ne fut que plus tard, par raison d'équité, étendu aux *mandatores pecuniæ credendæ*. Ce système me paraît résulter des termes d'une décision de Papinien sur l'espèce : *Si mandato plurium pecunia credatur*, dit ce jurisconsulte, *æque dividitur actio ; si enim quod datum pro alio, solvitur, cur species actionis æquitatem divisionis excludit* (1). En effet, dans ce texte, Papinien parlant du bénéfice de division accordé aux *mandatores*, ne dit pas que le bénéfice sera accordé en exécution du rescrit d'Adrien, mais donne pour raison de cette faveur des considérations d'équité, *æque dividitur actio*. Il est donc fort probable que c'est grâce à la jurisprudence, et même suivant Cujas (2), au seul Papinien, que le bénéfice de division fut accordé aux *mandatores pecuniæ credendæ*.

Mais la jurisprudence en resta là, et le bénéfice de division ne fut pas étendu à ceux qui font le pacte de constitut pour autrui, quoiqu'il n'y eût pas de raison de le leur refuser lorsqu'on l'avait accordé aux *mandatores*. Peut-être ce mode d'intercession n'était-il que peu usité, peut-être ne rencontrait-on que fort rarement plusieurs personnes faisant le pacte de constitut pour le même débiteur ; sur ce point nous sommes réduits aux suppositions. Les tiers qui font le pacte de constitut n'en étaient pas moins réstés privés du bénéfice de division, lorsqu'en l'an 531 de notre ère, Justinien rendit une constitution qui leur accorda le

(1) L. 7, D., *De fidej. et nomin.*
(2) Cujas, lib. III, Resp. Papin., *ad leg.* 7, *De fidej. et nomin.*

bénéfice de division, et les plaça, à cet égard, sur la même ligne que les fidéjusseurs et les *mandatores pecuniæ credendæ : Divi Hadriani epistolam, quæ de periculo dividendo inter mandatores et fidejussores loquitur, locum habere in his etiam, qui pecunias pro aliis simul constituunt, necessarium est; æquitatis enim ratio diversas species actionis excludere nullo modo debet* (1). Cette extension du rescrit d'Adrien, est, comme on le voit, fondée sur un motif d'équité; il n'y a pas, en effet, de raison pour refuser à ceux qui font le pacte de constitut un bénéfice qui avait été accordé aux *mandatores pecuniæ credendæ*. En finissant, remarquons que le motif donné par Justinien pour justifier cette extension, est une raison d'équité; ce qui est exactement le même motif que donne Papinien pour l'extension du bénéfice d'Adrien aux *mandatores pecuniæ credendæ*.

(1) L. 3, C., *Const. pecun.*

CHAPITRE IV.

DU BÉNÉFICE DE DISCUSSION

Le bénéfice de discussion, nommé aussi bénéfice d'ordre, est le droit accordé au fidéjusseur poursuivi de renvoyer le créancier discuter d'abord le débiteur principal. Le fidéjusseur peut dire au créancier : Poursuivez d'abord le débiteur, et c'est seulement lorsque vous aurez constaté qu'il est dans l'impossibilité de vous payer, que vous pourrez agir contre moi.

Quelle est l'origine du bénéfice de discussion? Justinien, dans la préface de la Novelle IV, nous apprend que dans le très-ancien droit romain, il avait existé une loi accordant aux cautions le bénéfice de discussion, et que c'est cette loi qu'il reproduit en l'améliorant ; cette loi, soit parce qu'elle était contraire au but de la fidéjussion, soit pour tout autre motif, était tombée en désuétude. Mais quelle peut-être cette *antiqua lex*, dont nous ne trouvons aucune trace, ni au Digeste ni au Code?

Cujas (1) a pensé que ce pourrait bien être la loi des XII Tables, mais cette conjecture n'est nullement justifiée ; remarquons du reste que la loi des XII Tables a été bien souvent citée et bien souvent commentée par les jurisconsultes, et il me paraîtrait bien

____

(1) Cujas, *Explicat.*, Nov. IV.

étonnant qu'une disposition aussi importante que celle dont il est question, n'ait fait l'objet d'aucune mention dans les textes.

Ponsot (1), sans s'occuper de l'origine de cette loi, a émis l'opinion que les cautions jouirent du bénéfice de discussion jusqu'au règne d'Alexandre Sévère, et que ce bénéfice leur fut enlevé par une Constitution de cet empereur, qui forme la loi 3 au Code, *De fidejussoribus*. Mais alors comment admettre le silence absolu, sur ce point, de tous les jurisconsultes, et principalement de Gaius, qui vivait à peu près à cette époque, et qui aurait certainement parlé d'une question aussi importante.

D'autres auteurs ont révoqué en doute l'existence de cette *antiqua lex*.

Quoi qu'il en soit de cette loi, sur laquelle nous sommes réduits à des conjectures sans fondement, le bénéfice de discussion, s'il existait avant Justinien, ne pouvait s'exercer, selon moi, que sous la forme de mandat, et non d'une manière directe, comme sous Justinien. Nous savons en effet que les poursuites exercées contre le débiteur libéraient le fidéjusseur ; celui ci ne pouvait donc forcer le créancier à poursuivre d'abord le débiteur, car le créancier n'aurait pas pu, en cas de poursuites inutiles, revenir ensuite contre le fidéjusseur. Il est probable que le fidéjusseur donnait au créancier mandat, qu'il ne pouvait pas refuser, de poursuivre le débiteur ; et si les poursuites ne produisaient pas de résultat utile, le créancier pouvait

____

(1) Ponsot, *Cautionn.*, n° 183.

— 58 —

alors revenir contre le fidéjusseur, son mandant, par l'action *mandati contraria*.

Ce qu'il y a de certain, c'est que dans tous les textes de lois romaines que nous possédons, nous trouvons érigé en principe absolu le droit du créancier de poursuivre, à son choix, le débiteur principal ou la caution.

A l'égard des fidéjusseurs, nous trouvons cette règle écrite dans un grand nombre de lois, notamment dans une Constitution rendue en l'an 215 par Antonin Caracalla (1), et dans une autre Constitution rendue en l'an 208 par les empereurs Sévère et Antonin Caracalla (2).

Pour les *mandatores pecuniæ credendæ*, la règle était la même, et le créancier avait le droit de poursuivre tout d'abord le *mandator* (3). Quant à ceux qui font le pacte de constitut pour autrui, ils étaient placés sur la même ligne que les fidéjusseurs et les *mandatores*, et comme eux, pouvaient être poursuivis avant le débiteur principal (4).

On le voit, la règle était absolue, et le créancier avait liberté entière de choisir entre le débiteur et la caution. Et pouvait-il en être autrement dans une législation toute de rigorisme, d'après laquelle le créancier qui poursuivait le débiteur perdait ses droits contre la caution et réciproquement, du moins dans le mode de cautionnement le plus usité, la fidéjussion.

(1) L. 5, C., *De fidej.*
(2) L. 3, C., *De fidej.*
(3) L. 56, D., *Mandati.*
(4) L. 19, C., *De fidej.*

Il était alors conforme à l'équité de laisser au créancier le choix entre celui des deux, du débiteur ou du fidéjusseur, dont la solvabilité paraissait plus certaine. Ce résultat, qu'on aurait pu au moins éviter dans le cas du *mandatum pecuniæ credendæ* et dans le cas du pacte de constitut, était non-seulement fort rigoureux pour les cautions, mais encore peu conforme aux principes de la vraie justice. La caution s'oblige bien purement et simplement, mais elle n'est en définitive qu'un débiteur accessoire, et ne devrait, dans une bonne législation, être tenue de payer que lorsque le débiteur principal, le seul véritable débiteur, se trouve dans l'impossibilité de le faire. A Rome, où à côté de la législation rigoureuse du droit civil, s'était établie peu à peu une législation toute d'équité, on le comprit, et on chercha le moyen de forcer le créancier à poursuivre d'abord le débiteur principal, mais sans que l'effet extinctif de la *litis contestatio* lui fit perdre ses droits contre le fidéjusseur, condition essentielle dans le cas d'insolvabilité totale ou partielle du débiteur principal.

Deux moyens furent employés pour arriver à ce but, la *fidéjussio indemnitatis*, et le mandat dans l'intérêt du mandant et du mandataire. Nous allons les examiner successivement.

De la fidéjussio indemnitatis. — Nous avons déjà vu que dans cette espèce de fidéjussion, le fidéjusseur s'engageait à payer, non la même chose que le débiteur principal, mais seulement ce que le créancier ne pourrait obtenir de lui, *quanto minus a debitore consequi potest.* Le fidéjusseur se trouvait obligé de payer

ce que ne pouvait payer le débiteur ; il devait donc
payer toute la dette si le débiteur était insolvable.

Au point de vue des poursuites, ce genre de fidéjussion était bien plus avantageux pour le créancier
que la fidéjussion ordinaire. En effet, dans la fidéjussion, le créancier peut bien poursuivre à son choix le
débiteur ou le fidéjusseur, mais les poursuites exercées contre l'un libèrent l'autre, et le droit du créancier une fois déduit *in judicium* se trouve éteint par
l'effet extinctif de la *litis contestatio* et ne saurait
revivre (1). Il n'en est pas de même dans la *fidejussio
indemnitatis*, et les poursuites exercées contre le débiteur ne libèrent pas le fidéjusseur : *Si decem petieris
a Titio (reo)*, dit Papinien, *Mœvius (fidejussor indemnitatis) non erit solutus* (2). Celsus nous dit de même :
*Si decem petiero a Titio, non liberatur Seius fide-
jussor* (3).

Quelle est la raison de cette dérogation aux principes admis en matière de fidéjussion? Sur ce point,
il y avait controverse entre les jurisconsultes romains.

Celsus disait : « Le fidéjusseur ne sera pas libéré,
parce que ce serait contraire à l'intention du créancier ;
et en effet, s'il en était autrement, à quoi lui servi-
rait la précaution qu'il a eue de prendre un *fidejussor
indemnitatis* : *Alioquin nequidquam creditori cave-
tur* (4)? »

<hr>

(1) Paul, Sent., lib. II, XVII, § 16.
(2) L. 116, D., verb. obligat.
(3) L. 42, D., reb. credit.
(4) L. 42, D., reb. credit.

Paul, dont l'opinion nous est rapportée par Papinien, donne une autre raison plus juste et plus conforme aux principes. « La demande formée contre Titius (*reus*), dit-il, ne libère pas Mœvius (*fidejussor*), parce que Mœvius et Titius ne sont pas *duo rei ejusdem obligationis*. Mœvius doit sous la condition que Titius ne pourra pas payer, la poursuite dirigée contre Titius ne libère donc pas Mœvius, parce qu'il n'est débiteur que sous condition, et qu'on ne sait pas s'il devra jamais. Il est même vrai de dire que le payement fait par Titius ne libère pas Mœvius, lequel n'a jamais été tenu, puisque la condition à laquelle était soumise son engagement se trouve défaillie. Mais tant que la condition est pendante, Mœvius ne peut pas être actionné ; il ne pourra l'être que lorsque la condition sera arrivée, c'est-à-dire lorsque Titius aura été discuté, et son insolvabilité établie : *A Mœvio enim, ante Titium excussum non recte petetur* (1). »

Ainsi les deux jurisconsultes, Celsus et Paul, n'envisagent pas de la même manière la position du *fidejussor indemnitatis* vis-à-vis du créancier. Celsus voit en lui un fidéjusseur ordinaire, mais qui ne peut être libéré par les poursuites exercées contre le débiteur, parce que cela serait contraire à l'intention que le créancier a montrée en stipulant, tandis que Paul le considère, non comme un fidéjusseur, mais comme un débiteur sous condition suspensive. Mais ils sont d'accord sur la solution, et tous deux décident que le fidéjusseur n'est pas libéré par les poursuites exercées contre le débiteur principal.

(1) L. 116, D., *verb. oblig.*

Mais il existe, sur un autre point, une divergence bien plus grande entre les deux mêmes jurisconsultes. Selon Celsus, le créancier peut, s'il le veut, poursuivre tout d'abord le fidéjusseur, mais seulement pour le montant de ce que le débiteur ne peut payer au moment des poursuites; et il ne pourra plus dans la suite agir contre le débiteur que pour la somme qui n'a pas été comprise dans l'action dirigée contre le fidéjusseur. Paul repousse cette décision, qui, au premier abord, paraît un peu extraordinaire, et n'admet pas que le créancier puisse, de prime abord, actionner le fidéjusseur. Le fidéjusseur en effet, dit ce jurisconsulte, n'est qu'un débiteur conditionnel, qui ne peut être valablement poursuivi qu'après la réalisation de la condition, c'est-à-dire après la discussion préalable du débiteur principal.

Ainsi, selon Paul, il faut discuter le débiteur principal avant de pouvoir actionner le fidéjusseur; selon Celsus, le créancier a la faculté de poursuivre tout d'abord le fidéjusseur.

Est-ce à dire que Celsus, contrairement à Paul, refuse au *fidejussor indemnitatis* ce qu'on peut appeler le bénéfice de discussion ? Non certainement, et c'est ce que je vais essayer de prouver, en établissant que la divergence qui existe entre les deux jurisconsultes est plutôt apparente que réelle. En effet, Celsus admet bien que le fidéjusseur soit poursuivi avant le débiteur; mais, dans ce cas, que peut-on lui demander ? Le créancier ne peut réclamer de lui que ce que le débiteur ne peut payer au moment où il commence ses poursuites. Mais, pour connaître cette quantité pour laquelle le débiteur se trouve insolvable, il faut l'établir d'une manière certaine, et pour cela, il faut discuter le débiteur. Ainsi Celsus et Paul arrivent en définitive au même résultat pratique, savoir que le *fidejussor indemnitatis* ne sera contraint de payer qu'après la discussion du débiteur principal.

Voyons maintenant comment les choses devaient se passer, et nous verrons alors que ce n'est pas sur le fond de la question qu'existe la divergence entre les deux jurisconsultes, mais seulement sur la procédure de l'action.

Selon Celsus, le créancier peut valablement poursuivre le fidéjusseur ; mais on ne sait pas encore ce que doit ce fidéjusseur, puisque cela dépend du plus ou moins de solvabilité du débiteur : le créancier ne pourra donc se faire délivrer qu'une formule *incerta*. Le juge, lorsque l'affaire arrivera devant lui puisera dans son *officium* le droit d'ordonner la discussion du débiteur principal, condition essentielle pour qu'il puisse remplir sa mission, et déterminer le montant de la condamnation contre le fidéjusseur, ou prononcer son acquittement. Lorsque le débiteur aura été discuté, le juge alors, suivant les cas, absoudra ou condamnera le fidéjusseur, mais, remarquons-le bien, sans que le créancier soit obligé d'intenter une nouvelle action. Il avait le droit de poursuivre le fidéjusseur, l'action qu'il a exercée est valable et a efficacement saisi le juge, qui n'a fait que surseoir à la prononciation de la sentence.

Suivant Paul, à l'avis duquel je me range sans hésiter, le *fidejussor indemnitatis* n'est pas un fidéjus-

seur tenu purement et simplement; il n'est que débiteur conditionnel, et n'est obligé que si le débiteur
principal est insolvable, et dans les limites de cette
insolvabilité. Le créancier ne peut donc poursuivre
que le seul débiteur réel, le *reus*, et s'il poursuit de
prime abord le fidéjusseur, son action n'est pas valable et ne peut avoir pour effet de saisir le juge. En
effet, tant qu'on ignore quelle est la somme que ne
pourra payer le débiteur, la condition sous laquelle
le fidéjusseur s'est obligé n'est pas réalisée; l'obligation n'existe donc pas encore, et le créancier de-
mandeur ne saurait valablement déduire *in judicium*
un droit qui n'est pas encore né.

Faut-il aller plus loin, et dire que le créancier
qui, dans ces circonstances, poursuit le fidéjusseur,
commet une plus-pétition *tempore?* Non certainement, lors même qu'on admettrait, avec certains jurisconsultes, que le créancier conditionnel est, au point
de vue de la plus-pétition *tempore*, placé sur la même
ligne que le créancier à terme; la formule, en supposant que le magistrat la délivre, ne pourra être qu'*incerta*, caractère qui exclut forcément toute idée de
plus-pétition (1). Ainsi, dans ce système, il est com-
plètement impossible au créancier de poursuivre
d'abord le fidéjusseur, et même, en supposant que le
magistrat délivre la formule, l'action ne pourra
aboutir. Il faut nécessairement discuter d'abord le
débiteur principal; cette discussion une fois opérée,
le créancier pourra alors, si le débiteur n'est pas

____

(1) Gaius, Comment. IV, § 51.

solvable, poursuivre valablement le fidéjusseur Mais il ne pourra se servir de l'action qu'il a déjà pu exercer, laquelle n'était pas valablement intentée, et sera obligé d'en intenter une nouvelle, à l'effet de réclamer du fidéjusseur ce qu'il n'a pu obtenir du débiteur principal.

En résumé, quel que soit le système que l'on adopte, la discussion préalable du débiteur principal se trouve nécessaire, et ne constitue nullement un bénéfice que le fidéjusseur puisse invoquer ou négliger à son gré. Quant à la divergence d'opinions qui existe entre les deux jurisconsultes Celsus et Paul, elle se réduit à une simple différence dans la procédure à suivre.

Mandat dans l'intérêt du mandant et du mandataire. — On trouva un second moyen d'ajourner les poursuites du créancier contre le fidéjusseur, après la discussion du débiteur principal ; ce fut le mandat dans l'intérêt du mandant et du mandataire, dont il est parlé aux Institutes, dans le paragraphe 2 du titre du Mandat.

Le créancier se dispose à poursuivre le fidéjusseur, que fait celui-ci ? Il donne au créancier mandat de poursuivre et discuter le débiteur principal. Si le débiteur se trouve insolvable pour tout ou partie de la somme due, le créancier pourra alors poursuivre le fidéjusseur, non par l'action originaire qu'il avait contre lui, l'action *ex stipulatu*, car cette action s'est trouvée éteinte par les poursuites exercées contre le débiteur, mais par l'action *mandati contraria* (1), au moyen

(1) L. 22, § 2. L. 13, §§ 7 et 8, D., Mandati.

de laquelle il lui réclamera tout ce qu'il n'aura pu obtenir du débiteur. Cette convention était, à la fois, dans l'intérêt du fidéjusseur et du créancier. Dans l'intérêt du fidéjusseur, mandant dans l'espèce, car il se soustrait, au moins pour un certain temps, à la nécessité de payer pour autrui, avec la chance de ne rien payer, si les poursuites contre le débiteur viennent à aboutir. Dans l'intérêt du créancier mandataire, car, par l'effet du mandat, il se trouve avoir deux actions distinctes, la *condictio* contre le débiteur, l'action *mandati contraria* contre le fidéjusseur ; et ce qu'il ne pourra obtenir par l'une, il l'obtiendra par l'autre, puisque, en vertu de ces deux actions différentes, il se trouve affranchi de la règle : *Electo reo principali fidejussor liberatur* (1).

En dehors des deux moyens que nous venons d'examiner, le *fidejussio indemnitalis* et le mandat, les fidéjusseurs restaient exposés aux poursuites du créancier, et ne pouvaient le renvoyer à discuter préalablement le débiteur principal.

Il résulte cependant de certains textes, que certains fidéjusseurs avaient, avant Justinien, le droit de demander la discussion du débiteur principal. Tels étaient les fidéjusseurs des débiteurs du fisc, qui pouvaient le forcer de discuter d'abord le débiteur ; c'est ce qui résulte d'une constitution rendue en l'an 293, dans laquelle les empereurs Dioclétien et Maximien décident la question en ce sens, en ajoutant même que c'est là une règle certaine : *Non prius ad eos qui debitoribus fisci nostri sunt obligati, actionem fiscalem*

(1) Paul. *Sentent.* lib. II, XVII, § 16.

extendi oportere, nisi patuerit principales reos idoneos non esse, certissimi juris est (1). Ulpien décide de même pour le fidéjusseur d'un magistrat. Un fidéjusseur, dit il, a cautionné un magistrat, et de plus a donné comme garantie un gage ; ce gage ne pourra être considéré comme réellement donné, que lorsque le fidéjusseur pourra être valablement actionné, c'est-à-dire lorsque le fisc n'aura pu recouvrer du magistrat ce qui lui était dû : *Pro magistratu fidejussor interrogatus pignora quoque specialiter dedit; in eum casum, pignora videntur data, quo recte convenitur, videlicet postquam res ab eo servari non potuerit, pro quo intercessit* (2).

Autre cas : les pères des magistrats fils de famille étaient assimilés à des fidéjusseurs, et répondaient des sommes que leurs fils pourraient devoir au fisc, lorsqu'ils avaient donné leur consentement à la nomination ; il suffisait pour qu'il y eût consentement de leur part, que présents à la nomination, ils n'aient pas exprimé de volonté contraire (3). Or on devait poursuivre le fils avant de s'adresser au père, qui jouissait donc dans ce cas du bénéfice de discussion ; c'est ce que décide Papinien (4), et c'est aussi ce que disent formellement, dans une constitution rendue en l'an 259, les empereurs Valérien et Gallien : *Vice fidejussoris pater accipitur*, disent-ils en s'adressant au fils, *sed non ante nisi tuis propriis rebus excussis* (5).

(1) L. 4, C., *Quando fiscus*.
(2) L. 3, § 1, D., *De admin. rerum*.
(3) L. 2, D., *Ad municip.*
(4) L. 17. § 2, D., *Ad munic. ip.*
(5) L. 1, C., *De decur. et filiis eorum*.

Le bénéfice de discussion, on le voit, n'existait avant Justinien que dans certains cas fort rares, et même alors, à raison de l'effet extinctif de la *litis contestatio*, il ne devait pouvoir être invoqué que d'une manière indirecte, au moyen d'un mandat impératif donné par le fidéjusseur au créancier.

Tel était l'état des choses, lorsque dans une constitution rendue en l'an 531, le 15e jour des calendes de novembre, Justinien vint détruire le seul obstacle qui s'opposait à la création de bénéfice de discussion, l'effet libératoire de la *litis contestatio*, et décréta, qu'à l'avenir, on appliquerait aux fidéjusseurs la règle en vigueur depuis longtemps pour les *mandatores*, et que le fidéjusseur ne serait plus libéré par les poursuites exercées contre le *reus*, pas plus que le *reus* ne serait libéré par les poursuites exercées contre le fidéjusseur (1). Les voies étaient préparées, et moins de quatre ans après, le 17e jour des calendes d'avril de l'an 535, Justinien rendit une constitution à jamais célèbre qui forme la novelle IV, par laquelle il créa, pour ainsi dire; et généralisa le bénéfice de discussion.

Le bénéfice de discussion fut tout d'abord accordé aux fidéjusseurs et aux *mandatores pecuniæ credendæ*, cela est certain ; mais le fut-il aussi à ceux qui font le pacte de constitut pour autrui ? Il est permis d'en douter; car les textes latins de la novelle, qui nous sont parvenus, ne parlent pas de ceux qui font le pacte de constitut, mais seulement des *sponsores*.

(1) L. 28, C., *De fidej.*

Mais à ceci, je réponds qu'il est peu probable que Justinien ait voulu faire revivre la *sponsio* tombée depuis fort longtemps en désuétude, et qui n'aurait nullement cadrée avec les institutions de son temps. Pour moi, je me reporterai avec Cujas au texte primitif de la novelle, et traduirai le mot « ἀντιφωνητὴν » du texte grec, non pas *sponsorem*, comme on l'a fait, mais par *reum constitutæ pecuniæ*. Du reste cette question présente peu d'intérêt ; on admettant que le bénéfice de discussion ne fut pas accordé par la novelle IV à ceux qui font le pacte de constitut, ils ne tardèront pas à jouir de ce bénéfice, car la novelle 136, dont nous aurons à nous occuper plus loin, rendue seulement 6 ans après, en l'an 541, parle du bénéfice de discussion comme d'un droit préexistant pour cette classe de cautions.

La novelle IV ne prévoit que le cas où il n'y a qu'un débiteur ; que faut il décider s'il y en a plusieurs, par exemple, deux débiteurs solidaires ? Il est certain que si le fidéjusseur les a cautionnés tous les deux, il aura le droit d'obliger le créancier à les poursuivre tous les deux, et ne sera obligé de payer que lorsque leur insolvabilité totale ou partielle aura été constatée par la discussion opérée par le créancier. Mais que décider dans le cas où le fidéjusseur n'a cautionné que l'un des débiteurs solidaires ?

Le fidéjusseur peut évidemment obliger le créancier à discuter préalablement le débiteur pour lequel il est intervenu, mais pourra-t-il l'obliger à discuter aussi l'autre débiteur solidaire auquel il est tout à fait étranger ?

Pothier (1) soutient l'affirmative, et appuie son opinion sur deux raisons. La première est qu'il est équitable qu'une dette, s'il est possible, soit plutôt payée par les véritables débiteurs que par ceux qui n'en sont que débiteurs pour autrui ; *Non aliter, salvo pudore*, dit Quintilien, *ad sponsorem venit creditor quam si recipere a debitore non possit* (2). La deuxième raison est que l'obligation de tous les débiteurs solidaires étant une même obligation, le fidéjusseur, en accédant à l'obligation de celui pour qui il s'est rendu caution, se trouve avoir accédé à l'obligation de tous les autres.

Demangeat (3, dont je suivrai sur ce point la doctrine, trouve que les raisons alléguées par Pothier ne sont pas suffisantes pour décider la question dans son sens. La première raison invoquée par Pothier peut être fort bonne en se plaçant à un point de vue moral, mais il n'en résulte pas, qu'en droit, le fidéjusseur puisse obliger le créancier à poursuivre d'abord les débiteurs principaux. Quant à la seconde raison invoquée par Pothier, elle ne me semble pas fort exacte. En effet, il y a des différences juridiques certaines entre le cas où le fidéjusseur a cautionné tous les débiteurs solidaires, et le cas où il n'en a cautionné qu'un. Si deux *correi promittendi* ont donné chacun un fidéjusseur, il est certain que ces fidéjusseurs ne peuvent invoquer le bénéfice de division ; d'autre part, si l'un de ces fidéjusseurs paye la dette entière, il pourra bien, par l'action *mandati* ou *negotiorum*

(1) Pothier, *Oblig.* n° 112.
(2) Quintilien, *Declamat.* 273.
(3) Demangeat, *De duob. reis*, p. 137 et s.

gestorum, qui lui est personnelle, recourir contre celui
des débiteurs solidaires qu'il a cautionné, mais il ne
pourra pas recourir contre l'autre au moyen de cette
action. Les effets de la qualité de débiteur principal
et de fidéjusseur ne se produisent que d'une manière
relative et dans les rapports de certaines personnes
déterminées ; nous déciderons donc que le fidéjusseur, complétement étranger au codébiteur solidaire
de celui qu'il a cautionné, ne pourra renvoyer le
créancier à discuter ses biens.

Le bénéfice de discussion n'est applicable, nous
dit Justinien, que si le débiteur principal et la caution sont tous les deux présents ; si le débiteur principal est absent, il serait en effet fort dur, pour le
créancier, de l'envoyer demander au loin un payement qu'il pourrait obtenir de la caution au lieu même
où il se trouve. *L'antiqua lex*, dont parle la préface
de la Novelle, n'apportait aucun remède à cet état de
choses, et cette condition de présence est une des
améliorations que Justinien annonce dans la même
préface. Il permet à la caution de demander au juge
un délai pour faire comparaître le débiteur, délai que
le juge déterminera, et pendant lequel les poursuites
exercées contre la caution devront être suspendues.
Si, à l'expiration de ce délai, le débiteur ne s'est pas
présenté, le créancier pourra alors continuer ses
poursuites contre la caution (1). Cette disposition est
rationnelle, et, en tout point, conforme à l'équité ; on
effet, si la caution avait pu opposer au créancier la

____

(1) Nov. IV, cap. 1.

discussion du débiteur absent, le débiteur, de concert avec le fidéjusseur, aurait pu s'absenter à dessein : or comme l'assignation, l'*in jus vocatio* ne pouvait se faire contre un absent, l'action du créancier serait restée indéfiniment en suspens. Le préteur avait bien introduit, en faveur du créancier, la *missio in possessionem* des biens du débiteur absent, mais ce remède était insuffisant et même illusoire dans le cas, et c'était le plus fréquent pour le débiteur cautionné, où il n'y avait pas de biens pour répondre de la dette.

Justinien, en créant le bénéfice de discussion, et en établissant un ordre légal et rationnel de poursuites, n'avait pas eu uniquement en vue des motifs d'équité. Il s'était surtout préoccupé de l'intérêt général, et avait voulu, par cette mesure protectrice, étendre et développer la fidéjussion, comme un des principaux appuis du crédit individuel ; aussi ne permit-il pas aux cautions de renoncer d'avance au bénéfice de discussion. La caution pouvait bien, lorsqu'elle était poursuivie par le créancier, négliger le bénéfice et se laisser condamner, ce qui constituait une renonciation tacite ; mais elle ne pouvait pas, par une convention faite à l'avance avec le créancier, renoncer au droit qu'elle avait d'invoquer le bénéfice de discussion. Ce qui le prouve, c'est que six ans après la création du bénéfice de discussion, Justinien, dans la Novelle 136, autorisa la renonciation au bénéfice de discussion, en faveur des *argentarii* créanciers.

Les *argentarii* ou banquiers n'avaient pas été compris dans les dispositions favorables de la Novelle IV, et ne jouissaient pas du bénéfice de discussion (1). Ce qui, probablement leur avait fait refuser cette faveur, c'est que leur intervention dans les affaires d'autrui n'était pas gratuite ; ils rendaient des services importants ; mais ils imposaient des conditions fort onéreuses, et, par suite, étaient vus avec peu de faveur. Placés ainsi en dehors du droit commun, leur position devint difficile et dangereuse ; aussi ne tardèrent-ils pas à formuler des plaintes sur leur situation, en faisant valoir, d'une part les services qu'ils rendaient, d'autre part les dangers de la position que leur avait faite la Constitution de l'Empereur. Depuis la promulgation de la Novelle, disaient-ils, les cautions de leurs débiteurs pouvaient leur opposer le bénéfice de discussion, tandis que s'ils se portaient eux-mêmes cautions, ce bénéfice leur était refusé, et le créancier pouvait s'adresser immédiatement à eux. Ils demandèrent en conséquence, ou qu'on leur appliquât le droit commun, ou que si on ne voulait pas leur accorder le bénéfice de discussion, du moins la disposition de la Novelle fût considérée, à leur égard, comme non avenue, aussi bien dans leur intérêt que contre eux : *Ut aut ipsi communium legum participes sint, aut neque ipsis constitutio nostra adversetur,* dit Justinien (2).

Ces réclamations étaient fort justes, et furent favorablement accueillies par l'Empereur ; mais, et cela prouve la défaveur qui pesait sur les *argentarii,* il ne leur accorda pas le bénéfice de discussion, et ne vou-

(1) Nov. IV, cap. III, § 1.
(2) Nov. 136, præfat.

lut pas non plus décider qu'à l'avenir le bénéfice de
la Novelle ne leur serdit plus opposable Au mois
d'août de l'an 541, il rendit une Constitution qui
forme la Novelle 136, par laquelle il leur permit de
demander, comme créanciers, aux cautions, la renonciation au bénéfice de discussion : *Speciale pactum
fecerint, licere creditori contra principalem debitorem
et contra mandatorem et fidejussorem venire, non ex-
spectato constitutionis ordine* (1). Les cautions purent
donc renoncer, par un pacte spécial, au bénéfice de
discussion, et dans ce cas, l'*argentarius* créancier
pouvait poursuivre aussi bien les cautions que le débiteur principal ; mais si l'*argentarius* n'avait pas
exigé cette renonciation, il retombait sous l'empire
de la Novelle, et s'il poursuivait la caution, le bénéfice
de discussion pouvait lui être opposé.

Justinien ne se dissimulait pas l'importance de la
concession qu'il faisait ; on reconnaît même, dans le
texte de la Novelle, les hésitations et les scrupules
qui le dominaient, en autorisant l'usage du pacte de
renonciation au bénéfice de discussion : *Propter stu-
dium enim argentariorum circa communes contractus
ejusmodi pacta admittimus, quæ non videntur contra
legem esse, quoniam unicuique ea, quæ a legibus ipsi
data sunt, contemnere licet* (2). Justinien, on le voit,
motive cette modification à la Novelle IV, par des
considérations d'intérêt public, et cherche même à
la justifier, en montrant qu'elle n'est pas contraire à

(1) Nov. 136, cap. 1.
(2) Nov. 136, cap. 1.

la loi, car on peut toujours, dit-il, renoncer à une faveur qui est accordée par la loi.

La concession faite aux *argentarii* eut en effet, comme l'empereur semble l'avoir prévu, une très-grande importance, car elle arriva à supprimer dans la pratique le bénéfice de discussion, et l'ordre légal et si rationnel de poursuites établi par la Novelle IV. En effet, ceux qui ont besoin d'argent étant toujours à la merci de ceux qui leur en prêtent, il arriva que les *argentarii* exigèrent toujours des cautions de leur débiteurs la renonciation au bénéfice de discussion. La disposition de la Novelle 136 relative à cette renonciation, ne s'appliquait, il est vrai, qu'aux *argentarii*; mais les particuliers ne tardèrent pas à suivre leur exemple, et exigèrent aussi des cautions de leurs débiteurs la renonciation au bénéfice de la Novelle IV. C'est là l'origine de la renonciation au bénéfice de discussion, si fréquente dans l'ancien droit français, et qui, dans notre droit moderne, est devenue une clause de style que l'on retrouve dans la plupart des actes de cautionnement.

DROIT FRANÇAIS.

Nous voici arrivés à la deuxième partie de notre étude, dans laquelle nous avons à voir ce qui devinrent, dans l'ancien et le nouveau droit français, les trois bénéfices de cession d'actions, de division et de discussion, les seuls en vigueur dans le dernier état du droit romain. Ils subirent bien quelques modifications, et dans l'ancien droit, et dans la rédaction du Code civil ; mais, notons-le bien, ils sont restés, quant aux principes fondamentaux de la matière, ce qu'ils étaient dans la législation romaine ; nous aurons donc à nous reporter souvent aux lois romaines, pour élucider certaines questions restées obscures dans notre droit français.

En étudiant les divers bénéfices des cautions en droit romain, nous avons suivi l'ordre de leur création. Nous allons maintenant changer de marche, et suivre l'ordre beaucoup plus rationnel qu'ont adopté les rédacteurs du Code. Nous étudierons donc d'abord le bénéfice de discussion, pour voir ensuite le bénéfice de division, et finir par le bénéfice de cession d'actions qui est devenu le bénéfice de subrogation.

CHAPITRE PREMIER.

DU BÉNÉFICE DE DISCUSSION.

Le bénéfice de discussion nommé aussi, comme nous l'avons déjà dit, bénéfice d'ordre, est le droit qu'a la caution, lorsqu'elle est poursuivie, d'exiger que le créancier fasse préalablement procéder à la saisie et à la vente des biens du débiteur principal.

Ce bénéfice n'existait pas dans le droit français du moyen-âge ; la loi canonique, qui avait une si grande influence à cette époque, ne l'avait pas admis ; aussi n'en trouvons-nous aucune trace dans Beaumanoir. Il ne fut que plus tard introduit dans le droit coutumier par la jurisprudence, sous l'influence du droit romain ; la novelle IV paraît en être l'origine directe, car nous voyons que, dans certaines coutumes, lorsqu'une caution voulait renoncer au bénéfice de discussion, elle déclarait renoncer à l'authentique *præsente :* or cette authentique est dans le Code, au titre *de fidejussoribus,* le résumé de la novelle IV. Ces renonciations devinrent du reste si fréquentes, que dans la réformation de la coutume de Bourgogne, on supprima le bénéfice de discussion, comme tombé en désuétude (1). Les autres coutumes le conservèrent en principe, mais vu son peu d'utilité et la défaveur

____

(1) Coutume de Bourgogne, tit. V, art. 3.

qui y était attachée, on le soumit à des conditions fort onéreuses ; il fut de plus regardé comme une exception purement dilatoire, et placé au nombre des moyens de défense que l'on appelait alors *de apicibus juris non de æquitate.*

Le bénéfice de discussion fut donc admis dans l'ancien droit français, mais non tel qu'il avait été créé par Justinien ; on ne l'accorda, en effet, que dans certains cas, et à certaines cautions (1).

Les rédacteurs du Code maintinrent à leur tour le bénéfice de discussion, comme un puissant moyen de protection pour les cautions, conforme en tous points au droit et à l'équité : « La rigueur de l'ancien droit » romain, disait le tribun Lahary dans la séance du 24 » pluviôse an XII, était aussi excessive que contraire » à la nature et à l'objet du cautionnement, qui ne » soumet le fidéjusseur au payement de la dette, que » dans le cas où le débiteur ne peut pas y satisfaire. » Il était donc juste de la faire cesser, et de venir au » secours de ceux qui, en s'obligeant pour autrui, » n'avaient pas entendu que cet acte de bienfaisance » pût leur devenir nuisible. » D'autre part, le tribun Chabot, dans son rapport fait au tribunat à la séance du 21 pluviôse an VII, disait : « Le créancier ne peut » se plaindre en aucun cas, puisqu'il a été le maître » de n'accepter la caution qu'à la condition qu'elle » renoncerait au bénéfice de discussion. Mais s'il a » accepté la caution d'une manière pure et simple, » il a volontairement consenti à discuter le débiteur » principal. »

(1) Pothier, *Oblig.* n° 407.

Ainsi les rédacteurs du Code conservèrent le bénéfice de discussion, mais ne l'admirent toutefois que sous certaines conditions et avec certaines réserves qu'ils crurent nécessaires pour sauvegarder les intérêts du créancier.

Quelles sont les cautions qui peuvent invoquer le bénéfice de discussion? L'art. 2021 du Code civil répond à cette question : « La caution n'est obligée » envers le créancier à le payer qu'à défaut du débiteur qui doit être préalablement discuté dans ses » biens. »

La rédaction de cet article a donné naissance à une importante question. L'art. 2021, a-t-on dit, établit en principe que la caution n'est tenue qu'à défaut du débiteur ; d'un autre côté, l'art. 2011 dit que la caution s'oblige envers le créancier, pour le cas où le débiteur ne satisferait pas lui-même à son obligation. Il résulte clairement de ces textes, que la caution n'est qu'un débiteur conditionnel, et que tant que la condition n'est pas arrivée, c'est-à-dire tant que l'insolvabilité totale ou partielle du débiteur n'a pas été légalement établie, la caution n'est pas obligée. Le créancier ne peut donc intenter de poursuites valables contre la caution, sans avoir préalablement discuté le débiteur dans ses biens.

Ce système est tout à fait inadmissible ; le cautionnement est bien un contrat accessoire et subordonné à l'exécution de l'obligation principale, mais il ne s'ensuit pas que la caution ne soit tenue que d'une manière conditionnelle, ce qui serait en opposition avec les principes du contrat de cautionnement. Et en effet, quel est le but que se propose le créancier en acceptant une caution? Il ne veut pas se garantir seulement contre l'insolvabilité du débiteur, mais aussi se prémunir contre les ennuis et les lenteurs qui pourraient résulter pour lui de poursuites exercées inutilement contre le débiteur. J'ajouterai que le système que j'attaque, et qui est soutenu par M. Duranton, est diamétralement contraire aux principes du droit romain, en matière de cautionnement, et contraire aussi aux traditions de l'ancien droit, lequel, nous dit Pothier (1), décidait que la caution était tenue purement et simplement; or comment croire que les rédacteurs du Code, qui, en fixant les règles du cautionnement, ont pris pour guide le droit romain, et reproduit presque toujours les opinions de Pothier sur cette matière, aient établi un principe général contraire à celui qui existait avant eux? Je dirai enfin, comme l'a très-bien fait remarquer M. Bugnet, qu'un pareil système rendrait complétement inutile le bénéfice de discussion, tel qu'il a été organisé par le Code, attendu que la caution pourrait se soustraire simplement à l'action du créancier, en prétendant que l'action contre elle n'est pas encore née. L'engagement de la caution est donc essentiellement pur et simple, et elle est tenue directement vis-à-vis du créancier, qui n'est nullement obligé de discuter préalablement le débiteur principal. Pour les articles 2011 et 2021, ils signifient simplement que lorsque le débiteur paye, la caution, qui n'est tenue que subsidiairement, est libérée, et qu'à défaut de payement

(1) Pothier, *Oblig.*, n 413.

effectué à l'échéance de la dette par le débiteur, le créancier pourra s'adresser à la caution.

Admettons, disent nos adversaires, qu'il n'est pas nécessaire pour le créancier de discuter le débiteur avant de poursuivre la caution ; mais l'art. 2021 dit formellement que la caution n'est tenue de payer qu'à défaut du débiteur. Il faut donc, au moins, que le créancier justifie du retard ou du refus du débiteur à satisfaire à son obligation ; il ne pourra, par conséquent, sauf les cas où la mise en demeure a lieu de plein droit, agir contre la caution qu'en justifiant du retard du débiteur, c'est-à-dire en fournissant la preuve de la mise en demeure.

Ce tempérament ne me paraît pas plus admissible que le système que je viens de combattre. Les auteurs qui le soutiennent me paraissent manquer de conséquence, en admettant, ce qui du reste pour eux est forcé, que dans le cas où la mise en demeure du débiteur a lieu de plein droit, le créancier peut poursuivre la caution sans sommation préalable faite au débiteur ; dans cette circonstance. le créancier ne justifie en aucune manière de l'inexécution de l'obligation principale, pourquoi alors décider le contraire, et forcer le créancier à apporter la preuve du retard du débiteur, lorsque la mise en demeure n'a pas lieu de plein droit ? Rappelons-le ; le créancier a exigé une caution, non pas seulement pour se garantir de l'insolvabilité du débiteur, mais aussi pour s'épargner les ennuis de poursuites inutiles contre lui ; la caution est donc tenue purement et simplement comme le débiteur, et peut être actionnée absolument comme

il pourrait l'être lui-même, et sans plus de formalités.
Quant à l'argument tiré des premiers mots de l'art.
2021, il n'est pas fondé ; les termes sur lesquels on
argumente, doivent être entendus *secundum subjec-
tam materiam* ; ils ont pour but d'expliquer le bénéfice
de discussion, et ne doivent pas être isolés de la
seconde partie de la phrase. Ni l'art. 2021 ni aucun
autre article n'implique la nécessité d'une mise
en demeure préalable ; cette mise en demeure n'est
donc pas nécessaire, et la caution, tenue directement,
peut être poursuivie directement. J'ajouterai que l'interprétation de l'art. 2021, dans le sens de nos adversaires, aurait pour résultat, non-seulement d'aug-
menter les frais en multipliant les actes de procédure,
mais aussi d'introduire dans la législation un nouveau
bénéfice dont il n'est parlé nulle part, le bénéfice
de mise en demeure ; ce qui est inadmissible.

Revenons à la question que nous ayons posée, et
voyons quelles sont les cautions qui peuvent invoquer
le bénéfice de discussion. L'art 2021 ne fait aucune
distinction ; donc, règle générale, toute caution peut
invoquer le bénéfice de discussion ; mais ce bénéfice
n'est pas de l'essence du cautionnement, aussi n'est-
il pas accordé à toutes les cautions, et la règle générale de l'art. 2021 reçoit plusieurs exceptions que
nous allons examiner :

1° — Le bénéfice de discussion n'est pas accordé
aux cautions qui y ont renoncé. Ce bénéfice n'a été
introduit dans le Code que dans l'intérêt des cautions,
elles ont donc la faculté d'y renoncer, faculté qui
leur est spécialement reconnue par l'art. 2021. Cette

renonciation au bénéfice de discussion était, comme nous l'avons vu, très-fréquente dans l'ancien droit, car les débiteurs suivant forcément la loi du créancier, celui-ci exigeait presque toujours, dans son intérêt, la renonciation des cautions au bénéfice de discussion ; chez nous, et pour la même raison, elle est si fréquente dans la pratique des affaires, qu'elle a fini par devenir une clause de style dans les actes de cautionnement. La renonciation peut intervenir du reste à tout moment, même au moment où le créancier dirige des poursuites contre la caution, mais elle a lieu généralement dès le principe, dans l'acte même du cautionnement.

La renonciation au bénéfice de division est presque toujours expresse ; elle peut aussi être tacite. Mais, notons-le bien, la volonté de renoncer doit dans ce cas être clairement démontrée, et la renonciation tacite ne peut résulter que de faits ou de termes qui indiquent manifestement, de la part de la caution, la volonté de renoncer. Ainsi des expressions comme celles-ci, *promettant, obligeant et renonçant*, ou bien *avec les soumissions et renonciations requises*, si elles ne sont pas accompagnées d'explications plus précises, pourront très-bien ne pas être considérées comme contenant une renonciation tacite au bénéfice de discussion. Mais peut-être la Cour de cassation est-elle allée un peu loin, lorsqu'elle a décidé que celui qui, en se portant caution, déclare faire de la dette sa propre affaire, comme s'il était seul débiteur et principal obligé, peut cependant ne pas être considéré comme débiteur et principal obligé et comme fiyant renoncé aux droits et exceptions appartenant à la caution, et entre autres, au droit d'invoquer le bénéfice de discussion (1).

Cette décision de la Cour de cassation me paraît un peu forcée. Dans l'ancien droit, lorsque la caution déclarait s'obliger comme débiteur principal, il y avait controverse sur le point de savoir si l'on devait voir dans cet engagement une renonciation tacite. Le Parlement de Paris avait jugé que la caution, qui s'engageait dans ces termes, conservait cependant le droit d'invoquer le bénéfice de discussion ; mais pourquoi ? Parce qu'il avait décidé que la renonciation au bénéfice de discussion ne pouvait être qu'expresse. Au contraire, le Parlement de Normandie, lequel, à ce que rapporte Basnage dans son traité des hypothèques, admettait la renonciation tacite, voyait, dans l'engagement de la caution comme débiteur principal, une renonciation suffisante au bénéfice de discussion ; et c'était aussi l'avis de Pothier (2). Pour moi, je crois que, sous l'empire du Code, il faut décider ainsi, contrairement à la Cour de cassation, dont l'arrêt se trouve en opposition directe avec l'art. 1157 du Code civil, lequel dispose que lorsqu'une clause est susceptible de deux sens, on doit plutôt l'entendre dans le sens avec lequel elle peut avoir quelque effet, que dans le sens avec lequel elle n'en pourrait produire aucun.

Un moyen énergique, pour la caution, de renoncer au bénéfice de discussion, moyen qui ne donne lieu à aucune ambiguïté, est indiqué par l'art. 2041, c'est

(1) Req. 16 mars 1831 (Dalloz, 82, 1, 103).
(2) Pothier, Oblig., 408.

do s'engager solidairement avec le débiteur. L'art.
2021 nous dit en effet que, dans ce cas, l'engagement pris par la caution se règle par les principes
établis pour les dettes solidaires, principes qui sont
absolument exclusifs du bénéfice de discussion.
Mais ici, il faut prendre garde de donner à cette déclaration de notre article une portée trop générale,
en la prenant en ce sens que la caution solidaire doit
être assimilée en tous points au débiteur solidaire.
Certains auteurs, se fondu ' sur les termes de l'article, ont soutenu cette opin   absolument fausse en
elle-même, car la déclaration de l'art. 2021 ne doit
pas être prise d'une manière générale, mais doit être
restreinte, et prise seulement au point de vue de
l'exception à l'occasion de laquelle elle est formulée;
et ce qui le prouve, c'est que la loi conserve à l'obligé
la qualité de caution, ce qui n'aurait pas lieu, si on
l'avait assimilé à un débiteur solidaire. Il est certain
que les divers bénéfices qui ne sont pas de l'essence
du cautionnement, comme le bénéfice de discussion
et le bénéfice de division, ne pourront être accordés
à la caution solidaire qui, par les termes de son engagement, a manifesté l'intention d'être tenue envers
le créancier, absolument comme le débiteur principal. Mais l'obligation de la caution solidaire n'en
reste pas moins accessoire à l'obligation du débiteur
principal; elle ne pourra donc, conformément à
l'art. 2013, être plus étendue que cette obligation
principale, ni lui survivre, et la caution solidaire,
tout aussi bien que la caution pure et simple, sera en
droit d'opposer au créancier toutes les exceptions
inhérentes à la dette qui appartiennent au débiteur

principal, conformément à l'art. 2036. Supposons, par exemple, qu'une obligation entachée de violence a été garantie par une caution solidaire, et que cette obligation vienne à être annulée sur la demande du débiteur principal ; l'annulation anéantira du même coup, et l'obligation principale, et l'engagement pris par la caution solidaire.

La clause de solidarité, pour les cautions, est très-fréquente dans la pratique des affaires, et comme la clause de renonciation au bénéfice de discussion, est devenue de style dans les actes notariés. Très-souvent même, on insère les deux clauses dans l'acte, ce qui est du reste parfaitement inutile, puisque le législateur, dans l'art. 2021, nous dit lui-même que la clause de solidarité emporte renonciation au bénéfice de discussion.

2° — Les cautions judiciaires ne peuvent pas invoquer le bénéfice de discussion. Cette règle, qui a pour but d'assurer et d'accélérer l'exécution des jugements, est consacrée par l'art. 2042, reproduisant du reste une décision de notre ancienne jurisprudence. Domat, en effet, nous apprend que la caution judiciaire peut, à la différence des autres cautions, être contrainte sans discussion du débiteur ; « et cela » s'explique, dit-il, non-seulement parce qu'il s'oblige » envers la justice dont l'autorité le demande ainsi, » mais à cause de la nature des dettes où cette sû- » reté peut se trouver nécessaire, car elles sont telles, » qu'on ne doit pas y souffrir le retardement d'une » discussion (1). »

(1) Domat, lois civ., liv. III, tit. IV, 2.

Dans notre ancien droit, la question de savoir si le certificateur d'une caution judiciaire pouvait invoquer le bénéfice de discussion, était fort controversée; la raison de douter est que le certificateur d'une caution judiciaire n'est en définitive qu'une caution ordinaire. Louet pensait que le certificateur ne devait pas être mieux traité que la caution qu'il garantissait, et que par conséquent, il n'avait pas la jouissance du bénéfice de discussion; Brodeau, au contraire, soutenait que le certificateur n'était qu'une caution ordinaire, et qu'il pouvait invoquer le bénéfice de discussion. Les rédacteurs du Code, pensant qu'il est parfaitement rationnel que la caution d'une caution judiciaire ne soit pas traitée autrement que la caution elle-même, ont consacré l'opinion de Louet. L'art. 2043, en effet, dit que celui qui a cautionné simplement la caution judiciaire, ne peut demander la discussion, ni du débiteur principal, ni de la caution. Remarquons toutefois que l'article suppose un cautionnement donné simplement, d'où on peut conclure que, si au lieu de s'engager purement et simplement, le certificateur s'est réservé de faire discuter la caution, il pourra valablement invoquer le bénéfice de discussion dans cette limite. Mais, même dans ce cas, il ne pourra pas demander la discussion du débiteur principal; il ne pourrait, en effet, le faire que du chef de la caution, laquelle n'en a pas le droit.

3° — En dehors des cas prévus par les art. 2021, 2042 et 2043, il en est encore d'autres dans lesquels les cautions ne peuvent invoquer le bénéfice de discussion; mais ces cas, pour la plupart, ne présentent qu'une application pure et simple du droit commun. Ainsi, une caution succède au débiteur principal, elle ne pourra pas opposer au créancier le bénéfice de discussion, non par exception à la règle générale que toute caution peut opposer ce bénéfice, mais parce qu'elle est obligée, non plus comme caution, mais comme héritière du débiteur principal. Autre cas : un vendeur a fourni une caution, et cette caution vient ensuite exercer une action en revendication contre l'acquéreur. Celui-ci lui opposera la règle *quem de evictione tenet actio*, et la caution ne pourra pas l'envoyer discuter le vendeur ; en effet, le bénéfice de discussion ne peut être invoqué que lorsque le débiteur principal peut exécuter l'obligation, et, dans notre espèce, ce n'est pas le débiteur qui peut satisfaire à l'obligation, mais la caution, qui seule peut faire cesser l'action en revendication intentée de son chef. Je citerai encore le cas où il est notoire que le débiteur est absolument insolvable ; il est certain que, dans ce cas, la caution ne pourra pas invoquer le bénéfice de discussion, car elle se trouve dans l'impossibilité de remplir une des conditions essentielles à l'exercice de son droit, à savoir l'indication des biens du débiteur qu'elle veut faire discuter.

Comme on peut le voir, les décisions que nous avons adoptées dans ces différents cas ne sont pas des exceptions à la règle générale, mais bien des applications du droit commun. Nous avons à examiner maintenant d'autres cas dans lesquels certains auteurs n'admettent pas la possibilité du bénéfice de discussion, opinion que pour ma part je ne puis partager.

On a dit, en premier lieu, que le bénéfice de discussion n'était pas admis en matière commerciale. Il est vrai que les auteurs de ce système le restreignent eux-mêmes aux personnes faisant acte de commerce, de sorte que celui qui n'est pas commerçant pourrait opposer le bénéfice de discussion au créancier commerçant, envers lequel il s'est obligé comme caution. Mais, même avec ce tempérament, cette thèse ne me paraît pas admissible ; elle ne s'appuie sur aucun texte ni sur aucun principe sérieux, et les arguments qu'on invoque à l'appui accusent une certaine confusion d'idées.

On invoque d'abord les nécessités du commerce, qui vit surtout de ponctualité et d'exactitude. Les commerçants, dit-on, ont besoin, sous peine d'inconvénients fort graves, de faire leurs rentrées à jour fixe, et la célérité des affaires commerciales ne peut s'accommoder des retards et des lenteurs d'une discussion ; et le droit romain l'avait bien ainsi compris, puisqu'il refusait le bénéfice de discussion aux *argentarii* ou banquiers. A ceci je réponds que dans le droit romain, les *argentarii*, peu en faveur, étaient régis par une législation toute spéciale ; le bénéfice de discussion leur était bien refusé, mais ne l'était pas aux autres commerçants. Supposons cependant fondées les raisons qu'on donne ; il faudrait alors décider que le bénéfice de discussion n'est jamais possible en matière commerciale, et cela sans s'occuper si la caution est commerçante, ou non commerçante, car il y a même raison de décider dans les deux cas ; or, a-t-on jamais osé aller jusque-là ? D'ailleurs, les raisons qu'on invoque sont dos raisons de législation, non de droit, et il est impossible d'admettre qu'on puisse, par motif d'équité, même en matière commerciale, créer une disposition qui n'existe pas dans la loi ; les articles 2021 et 2022 règlent la matière, et on doit suivre la règle qu'ils ont établie, toutes les fois que la loi n'y a pas expressément dérogé.

Mais, dit-on, le cautionnement en matière commerciale est presque toujours payé ; il en résulte que, le principal motif qui a fait admettre le bénéfice de discussion dans notre législation, manquant dans l'espèce, il n'y a pas de raisons de favoriser la caution qui a fait une spéculation, et surtout de lui accorder le droit exorbitant d'opposer le bénéfice de discussion. Je réponds qu'en effet, dans le cas de cautionnement payé, il n'y a pas lieu d'invoquer le bénéfice de discussion ; mais pourquoi ? Ce n'est pas, comme on le dit, parce qu'il s'agit de matière commerciale, mais parce que, dans notre espèce, le cautionnement devient un contrat d'assurance, contrat qui lie les parties, et ne comporte pas le bénéfice de discussion.

On insiste cependant, et on invoque l'art. 142 du Code de commerce, aux termes duquel, les donneurs d'aval sont tenus solidairement, et par les mêmes voies que les tireurs et endosseurs, du payement de la lettre de change, sauf les conventions contraires des parties ; d'où il résulte qu'ils n'ont pas le bénéfice de discussion. Or les donneurs d'aval sont des cautions d'une lettre de change, ils ne jouissent pas du bénéfice de discussion, donc le bénéfice de discussion n'est pas admissible en matière commerciale. Je réponds que les donneurs d'aval ne jouissent pas, en effet, du droit d'invoquer le bénéfice de discussion ; mais, ce n'est pas du tout parce qu'il s'agit de matière commerciale, mais bien parce qu'ils ont pris un engagement solidaire, lequel engagement, d'après l'art. 2021, est exclusif du bénéfice de discussion. Ainsi, l'art. 142 du Code de commerce n'est qu'une application directe de l'art. 2021, et ne peut nullement servir d'argument à nos adversaires.

Enfin, on vient nous opposer l'opinion des anciens auteurs, et on dit que rien n'indique que les rédacteurs du Code aient voulu abroger les règles admises dans notre ancienne jurisprudence, règles fondées sur les nécessités commerciales. Je réponds que la preuve qu'ils les ont abrogées, c'est qu'ils ont adopté le système contraire dans l'art. 2021, sans y insérer aucune exception pour le cas de cautionnement commercial.

De toute cette discussion, je conclus qu'il faut s'en tenir au droit commun consacré par l'art. 2021 ; et accorder le bénéfice de discussion même au commerçant qui a cautionné une opération commerciale. Lorsqu'en matière de cautionnement, le législateur a voulu établir une différence entre le commerçant et le non-commerçant, il n'a pas manqué de s'en expliquer ; c'est ainsi que dans l'article 2019, il a établi des règles différentes pour l'appréciation de la solvabilité de la caution, en matière commerciale. Ici, rien de pareil, et aucune disposition, ni expressément, ni virtuellement, n'enlève aux cautions le bénéfice de discussion en matière commerciale. On doit donc le leur accorder, car le leur refuser serait créer une disposition qui n'existe pas dans la loi. La Cour de cassation, du reste, paraît avoir admis cette doctrine, lorsqu'elle a jugé que celui qui, en mettant son aval sur une lettre de change, n'a entendu s'obliger que comme certificateur de la caution du débiteur principal de cet effet de commerce, peut opposer aux poursuites dirigées contre lui, la discussion de la caution (1). En effet, celui qui s'oblige ainsi n'est pas donneur d'aval proprement dit, mais seulement certificateur de caution ; l'article 142 du Code de commerce sur l'engagment solidaire du donneur d'aval ne lui est donc pas applicable, et il retombe sous l'empire de l'art. 2021, en vertu duquel il pourra opposer le bénéfice de discussion, quoiqu'il s'agisse d'un cautionnement commercial.

Il nous reste à voir un dernier cas, dans lequel certains auteurs soutiennent, à tort selon nous, que le bénéfice de discussion doit être refusé ; c'est le cas où la caution devenue créancière du créancier, et le poursuivant en vue de payement, se voit opposer la compensation. M. Troplong, reproduisant du reste l'opinion de Balde et de plusieurs auteurs anciens, refuse dans ce cas, à la caution, le droit d'invoquer le bénéfice de discussion. Cette opinion ne me paraît nullement fondée. La compensation produit le même effet qu'un payement, et toutes les fois que la partie à laquelle on l'oppose peut se refuser au payement, la compensation ne peut avoir lieu. Or la caution n'est obligée de payer que lorsque la discussion du débiteur faite sur sa demande n'a produit aucun résultat ; la circonstance que

(1) Req. 4 mars 1831 (Dallez, 51, 1, 123).

la caution est devenue créancière du créancier, ne
peut donc lui enlever le droit de demander la discussion du débiteur, puisque, dans l'espèce, la compensation ne peut être valablement opposée.

En résumé, peuvent invoquer le bénéfice de discussion toutes les cautions, sauf les cautions judiciaires,
et les cautions conventionelles qui y ont renoncé ;
mais remarquons que le cautionnement conventionnel
étant presque toujours accompagné d'une renonciation, en fait, le bénéfice de discussion ne pourra jamais être invoqué que par les cautions légales, auxquelles aucune disposition de la loi n'enlève ce droit,
et dans certains cas fort rar s, par les cautions con-
ventionnelles qui n'y auront pas renoncé.

Une caution est poursuivie par le créancier, elle est
en droit d'user du bénéfice de discussion, quelles sont
les conditions auxquelles est soumis l'exercice de son
droit ? Nous allons examiner ces conditions prévues
par les articles 2022 et 2023, et qui sont au nombre
de trois.

1° La caution doit requérir la discussion du débiteur ; si elle néglige de le faire, le juge ne peut pas
l'ordonner d'office. En effet, ce bénéfice n'est qu'une
faveur accordée à la caution, qui, si elle ne l'invoque
pas, peut être raisonnablement supposée y avoir renoncé, d'autant plus que dans certains cas le bénéfice
de discussion ne lui serait pas profitable. Ainsi, et
c'est la décision de l'art. 2022, le bénéfice de discussion n'a pas lieu de plein droit, et doit être invoqué
par la caution ; c'était du reste, la règle universellement admise dans notre ancienne jurisprudence.

Mais à quel moment la caution doit-elle requérir la discussion du débiteur principal? Sur ce point, il y avait une controverse sérieuse dans l'ancien droit.

Le bénéfice de discussion, disaient certains auteurs, n'est pas, à proprement parler, une exception dilatoire, mais bien une exception péremptoire ; elle peut donc être invoquée, comme toute autre défense au fond, en tout état de cause. Le bénéfice de discussion, en effet, n'a pas seulement pour but de gagner du temps, en faisant remettre les poursuites à une époque ultérieure, et la caution qui l'invoque en attend un résultat plus complet, puisque la discussion qu'elle demande doit amener sa libération, si le débiteur possède des biens suffisants pour payer la dette. A l'appui de cette opinion, Merlin cite l'opinion d'un grand nombre d'auteurs, et mentionne, d'après Olive, un arrêt du Parlement de Toulouse, du 2 juillet 1630, qui avait décidé la question dans ce sens (1).

Pothier, avec d'autres auteurs, soutenait que le bénéfice de discussion tendait, non à exclure entièrement l'action du créancier, mais seulement à la retarder jusqu'après la discussion du débiteur principal. Ce bénéfice, d'après lui, n'était donc qu'une exception purement dilatoire, et devait être, comme toutes les exceptions de ce genre, opposée avant toute contestation en cause ; si la caution avait engagé la contestation au fond, sans invoquer le bénéfice de discussion, elle n'était plus recevable à le faire, car elle était réputée y avoir renoncé.

(1) Merlin, Rép. *Cautionn.*, § 4, n° 4.

Voyons maintenant quelle fut, sur cette question, l'opinion des rédacteurs du Code. Le projet portait simplement : « Le créancier n'est obligé de discuter le débiteur principal que lorsque la caution le requiert ; » c'était adopter l'opinion des auteurs qui prétendaient que le bénéfice de discussion pouvait être invoqué en tout état de cause. Mais le Tribunat, sur la communication officieuse qu'il reçut de ce projet, fit remarquer : « Que si différentes poursuites ont eu » lieu contre la caution, sans qu'elle ait requis la dis- » cussion du débiteur, elle est censée avoir renoncé » à la faculté que la loi lui donne. Le créancier ne doit » pas être le jouet du caprice de la caution, et doit pou- » voir achever la route dans laquelle le silence de la » caution l'a laissé s'engager (1). » Le Tribunat pro- posa en conséquence d'ajouter au projet que la caution devrait invoquer le bénéfice de discussion sur les pre- mières poursuites dirigées contre elle ; cette propo- sition fut acceptée, et reproduite dans la rédaction de l'art. 2022, qui consacre de cette matière l'opi- nion de Pothier.

Ainsi la caution doit opposer l'exception de discus- sion sur les premières poursuites dirigées contre elle : mais il faut préciser la signification de cette phrase, *sur les premières poursuites.* Un ancien arrêt de la Cour de Paris, interprétant à la lettre cette disposi- tion, a décidé que le bénéfice de discussion doit être, sous peine de déchéance, invoqué *in limine litis* (2). Pigeau, raisonnant dans le même sens, a prétendu

(1) Fenet, t. XV, p. 26.
(2) Paris, 21 avril 1806 (Dalloz, Rep. 2, 420).

que la caution était déchue du bénéfice de discussion, lorsque, poursuivie par le créancier, elle s'était
défendue ; et cela quel qu'ait été son système de
défense, lors même qu'elle n'aurait fait que contester
l'existence du cautionnement ou la validité des poursuites. Cette interprétation est peut-être conforme au
texte de la loi, mais n'est certainement pas conforme
à l'esprit qui a présidé à la rédaction de l'article 2022.
Que dit en effet le Tribunat, lorsqu'il proposa son
amendement au projet : « que si la caution laissait
» passer les premières poursuites sans invoquer le
» bénéfice de discussion, elle était censée y avoir re-
» noncé. » Le motif de la déchéance, prononcée par
l'article 2022 contre la caution, c'est qu'elle est censée
avoir renoncé au bénéfice de discussion ; il est donc
parfaitement conforme à l'esprit de la loi de dire que
la caution ne peut plus exiger la discussion du débiteur
principal, alors, mais seulement alors, que le silence
qu'elle a gardé devant les poursuites, suppose la renonciation au bénéfice de discussion et l'intention
de rester en face du créancier dans la contestation.
Ainsi un jugement par défaut, faute de conclure, est
pris contre la caution par le créancier, une saisie est
pratiquée contre la caution sans réclamation de sa
part, ou sans qu'elle fasse autre chose que de contester la validité de la saisie, elle est déchue de son droit
au bénéfice de discussion, car elle est censée y avoir
renoncé, ne l'ayant pas invoqué sur les premières
poursuites dirigées contre elle. De même, il y aura
déchéance, si elle a pris dans la discussion un rôle
actif, si elle a posé des conclusions au fond ; elle a

7

alors accepté le rôle de défendeur vis-à-vis du créancier, et est par là même supposée avoir renoncé au
bénéfice de discussion.

Mais si la caution n'a fait qu'invoquer une exception, ou si elle a seulement contesté l'existence de la
dette, ou l'existence du cautionnement, il est impossible
de voir dans ces actes une renonciation au droit d'invoquer le bénéfice de discussion, qu'elle pourra parfaitement opposer au créancier, même après avoir été
condamnée. La Cour de cassation, il est vrai, a jugé
que la caution devait opposer la discussion sur
les premières poursuites, et qu'elle ne pouvait le
faire pour la première fois en appel, même dans le
cas où, en première instance, la caution n'aurait fait
que contester l'existence ou l'étendue du cautionnement. Mais il faut dire aussi que la caution, après
avoir dénié sa qualité en première instance, avait ensuite exécuté partiellement le jugement ; c'est pour
ce motif que la Cour royale déclara la déchéance de la
caution du bénéfice de discussion, et que la Cour de
cassation rejeta le pourvoi formé par la caution (1).

J'irai plus loin et déciderai que même si la caution
a défendu au fond, ou fait un acte dans lequel on a
pu voir une renonciation au bénéfice de discussion,
dans certains cas exceptionnels, elle conservera cependant le droit d'invoquer le bénéfice. Ainsi, par
exemple, au moment où la caution a été poursuivie,
le débiteur était notoirement insolvable, et elle n'a
pas requis la discussion, ce qui n'aurait été, dans l'es-

(1) Rép. 27 janv. 1835 (Dallez, 33, 1, 123).

pèce, qu'une formalité inutile. Par la suite, et après la contestation en cause, le débiteur acquiert des biens, par exemple, d'une succession ; il faut décider, selon moi, que la caution pourra alors opposer l'exception de discussion, et on ne pourra lui objecter qu'elle est censée y avoir renoncé, puisqu'il lui était impossible d'invoquer le bénéfice au commencement du procès. Cette décision, qui était, du reste, soutenue par Pothier, est, il est vrai, contraire au texte de l'art. 2022, et pour cette raison, est critiquée par plusieurs auteurs. Mais si elle est contraire au texte de la loi, elle est parfaitement conforme à son esprit ; aussi est-elle généralement admise. Rappelons, en effet, que dans l'intention des rédacteurs, la déchéance qui résulte du défaut de réquisition sur les premières poursuites, tient à une présomption de renonciation de la part de la caution ; les juges auront donc à examiner, suivant les circonstances, si la caution est censée avoir, ou non, renoncé au bénéfice de discussion, et toutes les fois qu'ils ne trouveront pas cette présomption de renonciation, ils devront faire droit à la demande de discussion.

En résumé, quelle est la nature de l'exception de discussion ? Ce n'est ni une exception dilatoire, ni une exception péremptoire, car la nature de cette exception ne sera connue qu'après la discussion du débiteur. C'est une défense *sui generis*, qui, dans la pensée du législateur, a pour but d'adoucir la position de la caution, et dont elle peut user tant qu'elle n'y renonce pas. Quant à la question de savoir dans quels cas il y a de sa part renonciation, c'est une question de fait qui est abandonnée à l'appréciation des tribunaux.

Jusqu'ici, nous avons supposé le créancier poursuivant la caution en justice, et le bénéfice de discussion se présentant par conséquent sous forme d'exception. Supposons maintenant le créancier muni d'un titre exécutoire ; il n'a alors nul besoin d'agir en justice, et agira simplement contre la caution par voie de saisie : il ne peut donc être, dans ce cas, question d'exception. Mais alors, à quel moment des poursuites la caution perdra-t-elle le droit d'invoquer le bénéfice de discussion ? Si on prenait à la lettre les expressions de l'art. 2022, il faudrait dire que, même dans ce cas, la caution doit invoquer le bénéfice de discussion sur les premières poursuites, ce qui serait souverainement injuste, car elle a pu être absente ou empêchée. Nous déciderons, comme plus haut, qu'elle conserve son droit d'opposer le bénéfice de discussion, tant qu'elle n'est pas censée y avoir renoncé, c'est-à-dire jusqu'à qu'il y ait un acte duquel il résulte nécessairement pour la caution la connaissance des poursuites exercées contre elle. Ce sera là encore une question de fait laissée à l'appréciation des tribunaux.

Quelle est la procédure que devra suivre la caution qui veut faire discuter préalablement le débiteur ? Il faut distinguer. La poursuite est-elle judiciaire, l'exception de discussion doit être proposée par acte d'avoué à avoué, avec offres de faire l'avance des frais nécessaires pour la discussion, et l'indication des biens à discuter, comme nous le verrons plus loin. La poursuite est-elle extrajudiciaire, la discussion est alors opposée, avec les mêmes mentions, soit sur l'acte de commandement, saisie, ou autre, soit requise après coup, par exploit signifié au créancier. Si celui-ci refuse de surseoir aux poursuites, il sera statué provisoirement par le tribunal du lieu de la saisie, qui renverra la connaissance du fond au tribunal compétent, conformément aux dispositions de l'art. 554 du Code de procédure.

2° — La caution doit avancer au créancier les frais nécessaires pour la discussion du débiteur. Le bénéfice de discussion, institué en faveur de la caution, ne doit pas causer de préjudice au créancier, et pour que la caution puisse l'invoquer, il faut que le créancier, sauf certains retards dans le payement, n'éprouve aucun préjudice, en actionnant le débiteur au lieu de la caution. Celle-ci doit donc le mettre à même de poursuivre facilement le débiteur principal, et entre autres conditions, doit lui avancer la somme nécessaire à la discussion, afin de lui éviter des frais souvent considérables, qu'il serait obligé d'avancer lui-même. Cette règle existait déjà dans l'ancien droit. Pothier nous apprend, en effet, que la discussion du débiteur devait se faire aux risques et périls de la caution ; toutefois, la caution n'était obligée à l'avance des frais que pour la discussion des immeubles. L'art. 2023 du code civil ne distingue pas, et l'avance des frais doit être faite dans tous les cas, qu'il s'agisse de meubles ou d'immeubles.

Cette disposition de l'art. 2023 fut vivement critiquée par M. Goupil de Préfeln, lors de la discussion au Tribunat : Il faut de fortes raisons, dit ce tribun, pour placer dans notre législation une exception inique, dont l'effet

sera d'imposer à une personne l'obligation de faire
l'avance des frais d'une instance dans laquelle elle ne
sera pas même partie, et d'autoriser celle qui plaide à
puiser dans la bourse de celle qui ne plaide pas, jusqu'à
concurrence des frais auxquels donnera lieu l'action.
Pourquoi assujettir la caution, qui rend gratuitement
un bon office au débiteur et même au créancier, à
faire l'avance des frais, lorsqu'on n'y assujettit, ni le co-
créancier, ni le codébiteur, ni le garant du défendeur?
Que la caution ne puisse renvoyer le créancier à discuter des biens litigieux, ou situés au loin, cela est
parfaitement juste; que la caution soit obligée de
rembourser les frais faits par le créancier pour la discussion du débiteur, rien de mieux. Mais l'obliger
d'avancer les frais, c'est lui accorder le bénéfice de
discussion, et le lui retirer aussitôt, au moins implici-
tement, car c'est elle qui, obligée de faire tous les frais,
intentera en réalité la poursuite, sans en avoir, ni la
direction, ni même le choix des conseils et des défen-
seurs (1).

Le tribun Chabot répondit qu'en définitive, le bénéfice de discussion dérogeait au droit qu'avait le créancier de réclamer l'exécution de l'obligation au moment de l'échéance, tant contre le débiteur que
contre la caution. Que la discussion avait lieu, non
dans l'intérêt du créancier, mais dans l'intérêt seul de
la caution, qu'il était donc juste qu'elle avançât les
fonds nécessaires, pour une discussion qui n'était
admise que dans son intérêt. Qu'enfin, il serait souverainement injuste que le créancier, qui souffre déjà

(1) Fenet, t. XV, p. 60 et suiv.

des retards et embarras que lui occasionne la discussion, fût encore obligé d'avancer les frais nécessaires,
frais souvent considérables lorsqu'il s'agit de discussion
d'immeubles (1).

A quel moment la caution doit-elle faire l'offre d'a-
vance des frais? La loi est muette sur ce point. Dans
l'ancien droit, Pothier enseignait que la caution n'é-
tait pas tenue de faire spontanément l'avance des
frais, et qu'elle n'était obligée de les avancer que si
la demande lui en était faite par le créancier ; c'est
ainsi que l'a jugé la Cour de cassation, non pas précisément dans notre matière, mais dans un cas où la
discussion était demandée, conformément à l'article 2170 (2). Mais l'esprit de la loi et les termes
mêmes de l'art. 2023 me portent à croire que les
frais doivent être préalablement offerts, et que l'offre
doit accompagner l'acte par lequel la caution requiert
la discussion du débiteur; c'est dans ce sens que la
Cour de Bordeaux a rendu un arrêt, qui dit que pour
satisfaire aux prescriptions de l'art. 2023, la caution
doit, sans attendre la demande du créancier, offrir
réellement, et à deniers découverts, la somme suffisante pour la discussion du débiteur (3). Mais il peut
s'élever des difficultés pour fixer le montant des avan-
ces, et déterminer entre les mains de qui elles seront
déposées, et c'était là encore, pour M. Goupil de Préfeln, un motif d'attaque contre l'art. 2023. M. Chabot
répondit que ces points seraient réglés par le Code de

----

(1) Fenet, t. XV, p. 68 et suiv.
(2) Cass. 21 mars 1827. (Dalloz, 27, 1, 182).
(3) Bordeaux, 6 août 1833.

procédure ; mais cette promesse fut oubliée, et le Code de procédure passa cette question sous silence. Du reste cela présente peu d'intérêt ; si les parties ne sont point d'accord sur le point en question, le tribunal compétent, qui est celui devant lequel la caution a réclamé le bénéfice de discussion, fixera approximativement le montant de l'avance, sauf à compléter ultérieurement, et ordonnera, soit la remise des fonds au créancier, sur sa quittance, soit la consignation.

3° — La caution doit indiquer au créancier les biens du débiteur principal, à la discussion desquels elle entend le renvoyer ; elle doit, en effet, mettre le créancier à même d'agir facilement et avec sûreté, elle doit donc lui indiquer les biens à discuter, et dont le prix pourra servir au payement de la créance. Cette disposition de la loi est fort logique ; elle accorde à la caution le bénéfice de discussion, mais elle ne lui permet pas d'abuser de la faveur qui lui est accordée, et de chercher à gagner du temps au préjudice du créancier, en le renvoyant discuter inutilement un débiteur insolvable. Il faut donc qu'elle prouve l'utilité de la discussion, et elle la prouvera en indiquant les biens à discuter.

On admet généralement que l'indication des biens du débiteur doit se faire en une fois ; c'était l'opinion de Pothier, qui décidait que la caution n'était pas recevable, après la discussion des biens indiqués, à venir en indiquer d'autres. C'est là une question d'équité et de bonne foi, car des indications successives auraient pour résultat de prolonger indéfiniment la discussion, au grand préjudice du créancier. Je proposerai toutefois un tempérament à cette règle, et déciderai que la caution pourra faire valablement une seconde indication, lorsque, au moment de la première, elle a eu un juste sujet d'ignorer l'existence de certains biens du débiteur, ou si de nouveaux biens n'ont été acquis par ce débiteur qu'après la demande de discussion.

Le Code ne précise rien sur la nature des biens à discuter. Pothier nous apprend que, de son temps, le créancier devait tout d'abord saisir et vendre les meubles qui se trouvaient dans la maison du débiteur principal, et cela, sans que la caution fût obligée de les indiquer. Pour les autres meubles et les immeubles, la caution devait les indiquer, car le créancier pouvait ne pas les connaître. Cette distinction n'a pas été reproduite dans l'art. 2023, lequel pose simplement la règle générale de l'obligation, pour la caution, d'indiquer les biens. Il en résulte que l'indication peut porter sur toutes espèces de biens, meubles ou immeubles, hypothéqués ou non à la dette ; peu importe même qu'ils soient, ou non, suffisants pour le payement de la dette, car si le créancier n'est pas intégralement payé, il aura son recours contre la caution.

La loi ne s'explique pas sur la nature des biens à discuter, mais elle décide que les biens, pour pouvoir être indiqués en vue de discussion, doivent se trouver dans certaines conditions, et cela pour rendre la discussion la moins incommode possible pour le créancier.

1° — La caution ne doit indiquer que des biens situés dans le ressort de la Cour impériale du lieu où le payement doit être fait. Cette règle n'existait pas dans l'ancien droit, et à cette époque, le créancier pouvait être forcé de discuter tous les biens du débiteur situés dans le royaume. Toutefois, M. de Lamoignon voulait que la discussion ne portât que sur les biens situés dans le ressort du parlement, opinion qui, par motif d'équité, a été adoptée par les rédacteurs du Code ; c'est dans ce sens que Bigot-Préameneu, répondant à une objection de Cambacérès, disait que le créancier ne peut être tenu de discuter des biens situés à une grande distance, et dont la discussion serait par là même dispendieuse et embarrassante (1).

2° — Les biens indiqués ne doivent pas être litigieux. C'est encore, nous dit Pothier, une conséquence de ce que la discussion ne doit être, ni trop longue, ni trop difficile, et on ne pouvait forcer le créancier à subir les ennuis et les retards qu'occasionnent toujours les procès, et à recevoir des procès en payement. Mais quels biens sont litigieux ? L'art. 1700 répond à cette question que les biens litigieux sont ceux sur lesquels il y a procès et contestation sur le fond du droit. Mais, dans l'art. 2023, nous ne devons pas prendre l'expression *biens litigieux* dans un sens aussi restreint, car il suffirait alors, pour empêcher l'exercice du bénéfice de discussion, d'intenter au débiteur un procès sans fondement. Les biens litigieux, dans notre espèce, sont les biens sur les-

(1) Fenet, t. XV, p. 16.

quels le débiteur n'a qu'un droit contestable et résoluble, et même les biens grevés d'hypothèques nombreuses ; quant à la question de savoir si tel bien est ou non litigieux, c'est une question de fait laissée à l'appréciation des tribunaux, qui la résoudront d'après les circonstances : leur décision sur ce point est souveraine, et reste en dehors du contrôle de la Cour de cassation. La Cour de Toulouse a jugé en ce sens, lorsqu'elle a décidé que la caution qui veut exciper du bénéfice de discussion, ne peut indiquer au créancier les biens échus au débiteur principal dans les successions indivises de ses père et mère, car la part de ces biens afférente au débiteur ne peut être déterminée que par un partage qui peut donner lieu à contestation (1).

3° — La caution ne peut indiquer des biens hypothéqués à la dette qui ne sont plus en la possession du débiteur. Cette disposition n'est pas une faveur pour le tiers détenteur, mais est fondée sur le principe déjà établi, la commodité des poursuites pour le créancier. Cette condition fut vivement critiquée par le tribun Goupil de Fréfeln ; en s'engageant, dit-il, la caution a pu connaître cette hypothèque, sans laquelle elle ne se serait peut-être pas engagée ; elle ne peut être privée du bénéfice de discussion par le fait d'un acte qu'elle ne peut empêcher, en un mot être privée de son droit par le fait d'autrui. Le tribun Chabot répondit qu'avant tout, la caution ne pouvait opposer au créancier une discussion longue et difficile, ce qui

(1) Toulouse, 9 mars 1819.

arriverait si elle pouvait le forcer à discuter des biens
qui ne sont plus en la possession du débiteur, car il
rencontrerait alors de nombreuses contestations avec
les tiers détenteurs et les autres créanciers (1). Ces
considérations sont parfaitement justes ; on a bien pu
permettre à la caution d'exiger du créancier que le
débiteur soit préalablement discuté, mais la loi ne
pouvait aller jusqu'à l'autoriser à exiger aussi la discussion du tiers détenteur, lequel, n'étant pas personnellement obligé à la dette, peut trouver dans sa
situation personnelle des moyens de défense sus-
ceptibles d'introduire dans la discussion des lenteurs
et des complications.

Jusqu'ici, nous avons supposé une caution invoquant le bénéfice de discussion contre le débiteur
qu'elle a cautionné ; si donc une caution s'est engagée
pour plusieurs codébiteurs solidaires, elle pourra évidemment invoquer ce bénéfice contre chacun d'eux.
Mais si une personne n'a cautionné que l'un des codébiteurs solidaires, pourra-t-elle obliger le créancier
à discuter les autres codébiteurs qu'elle n'a pas cautionnés, ou autrement dit, sera-t-elle reçue à indiquer
les biens de ces codébiteurs ? Cette question, que
nous avons eu occasion de voir en étudiant le bénéfice de discussion en droit romain, était fort controversée dans l'ancien droit. Pothier, dont l'opinion a
été adoptée par plusieurs auteurs modernes, accordait
à la caution le bénéfice de discussion contre ceux des
codébiteurs solidaires qu'elle n'avait pas cautionnés,

(1) Fenet, t. XV, p. 60 et suiv.

et cela pour deux raisons. La première est une raison d'équité ; il est équitable, disait-il, que la dette soit payée plutôt par ceux qui sont les véritables débiteurs. La seconde est que l'obligation des débiteurs solidaires étant une même obligation, la caution qui a cautionné l'un d'eux, a par là même cautionné l'obligation des autres.

La première de ces raisons, bonne peut-être en législation, n'a aucune valeur en droit ; quant à la seconde, sur laquelle Pothier appuie principalement son système, elle manque d'exactitude. En effet, d'après cette doctrine, il n'y aurait aucune différence entre la position de la caution qui a cautionné tous les débiteurs solidaires, et la position de celle qui n'en a cautionné qu'un, ce qui est inadmissible. Nous trouvons d'abord l'art. 2030 qui nous montre une différence sur ce point, et qui établit de plus un principe contraire à l'opinion de Pothier, lorsqu'il décide que la caution n'a de recours contre tous les débiteurs solidaires que lorsqu'elle les a cautionnés tous ; donc elle n'a de recours que contre celui ou ceux qu'elle a cautionnés. Autre différence : si plusieurs personnes ont cautionné séparément plusieurs codébiteurs solidaires, elles ne jouissent pas du bénéfice de division, comme nous le verrons plus loin ; l'art. 2025, exige en effet que, pour obtenir le bénéfice de division, les cautions se soient obligées pour la même dette et le même débiteur, et ici, nous trouvons bien la même dette, mais pas le même débiteur. Supposons aussi que l'un des codébiteurs obtienne l'annulation de son engagement, il est certain que la caution qui n'aura répondu que pour lui sera libérée, tandis que celle qui aura cautionné tous les codébiteurs solidaires restera tenue.

On le voit, la doctrine de Pothier, qui efface toute différence entre la caution qui ne s'est obligée que pour un des codébiteurs solidaires et celle qui les a cautionnés tous, n'est pas exacte. La caution engagée pour un seul des codébiteurs solidaires ne garantit que la dette de celui-là, cela est certain ; et par une juste réciprocité, il faut admettre aussi que, si le créancier veut êt. payé par ce débiteur, et dans ce but s'adresse à la caution, celle-ci ne pourra le renvoyer à discuter les biens des autres codébiteurs. J'ajouterai que si la loi avait voulu permettre à la caution d'invoquer le bénéfice de discussion contre les codébiteurs solidaires auxquels elle est étrangère, elle n'aurait pas manqué de le dire, comme elle l'a fait dans l'art. 2070, qui autorise le tiers détenteur à demander la discussion du principal ou des principaux obligés, tandis que dans les art. 2021, 2022 et 2023, elle ne parle que du débiteur principal.

Ainsi la caution ne pourra jamais opposer que la discussion du débiteur qu'elle a cautionné. Quant au certificateur de caution, qui n'est en définitive que la caution de la caution, il pourra parfaitement opposer au créancier qui le poursuit, et la discussion du débiteur principal, du chef de la caution, et la discussion de la caution qui, vis-à-vis de lui, est un débiteur principal.

En résumé, la caution qui veut user du bénéfice de discussion doit le requérir sur les premières poursuites, faire l'avance des frais de la discussion, et indiquer les biens à discuter. Justinien, en créant le bénéfice de discussion, avait exigé de plus que le débiteur fût présent; le fidéjusseur actionné pouvait obtenir des juges un délai pour faire comparaître le débiteur; mais, si à l'expiration de ce délai, celui-ci ne s'était pas présenté, le créancier pouvait alors continuer valablement ses poursuites contre le fidéjusseur, sans que celui-ci puisse lui opposer l'exception de discussion. Cette disposition, dont le motif était la difficulté qu'on rencontrait en droit romain pour discuter un absent, avait pour but d'empêcher des retards indéfinis dans l'exercice de l'action du créancier; mais elle n'avait plus d'utilité, ni dans l'ancien droit, ni sous l'empire du Code civil aussi n'a-t-elle pas été reproduite. En effet, nous dit Pothier, les assignations et significations à domicile, ayant le même effet que si elles étaient faites à la personne même du débiteur, rendent la discussion d'un débiteur absent aussi facile que s'il était présent. Ajoutons que si la déclaration d'absence a été prononcée, les poursuites pourront être dirigées contre les envoyés en possession détenteurs des biens de l'absent.

Nous avons vu quelles sont les cautions qui peuvent invoquer le bénéfice de discussion, nous avons vu à quelles conditions est soumis l'exercice de leur droit; il nous reste à voir les effets du bénéfice de discussion.

Lorsque la caution a valablement invoqué le bénéfice de discussion, le créancier doit alors diriger ses poursuites contre le débiteur. Si la discussion fournit une somme suffisante pour le payement intégral de la dette, la caution se trouve libérée. Si au contraire la discussion n'aboutit à aucun résultat, ou ne procure au créancier qu'un payement partiel, il pourra revenir contre la caution ; mais il devra alors fournir à l'appui de sa demande toutes les pièces de procédure de la discussion, à l'effet de prouver l'insolvabilité totale ou partielle du débiteur.

Lorsque la discussion n'a produit qu'une somme insuffisante pour le payement intégral de la dette, il peut s'élever des questions d'imputation qu'il nous fait examiner.

Une personne a cautionné une dette rapportant intérêts, mais ne s'est engagée que pour le payement du capital ; actionnée par le créancier, elle a invoqué le bénéfice de discussion, et la discussion n'a produit qu'une somme insuffisante pour le payement des intérêts et du capital : le produit de la discussion devra-t-il être imputé sur le capital, et servir par là à la décharge de la caution, ou devra-t-on l'imputer d'abord sur les intérêts et ensuite sur le capital ? Je déciderai sans hésiter que l'imputation doit se faire d'abord sur les intérêts, solution déjà admise en droit romain, comme nous le dit le jurisconsulte Paul dans la loi 68 *De fidej.* au Digeste. Cujas et Basnage, il est vrai, ont soutenu que la loi 68 ne contenait qu'une disposition de circonstance, déterminée en faveur du fisc ; mais cette supposition n'est nullement fondée, et on peut tout aussi bien soutenir que cette décision de Paul ne fait que reproduire le droit commun, et n'est que l'application de la règle générale qui veut que le payement s'impute d'abord sur les intérêts, règle qui a été reproduite par l'art. 1254 du Code civil.

Autre espèce : une dette de 6,000 fr. a été cautionnée jusqu'à concurrence de 3,000 fr. La caution actionnée par le créancier au payement de ces 3,000 fr. a invoqué le bénéfice de discussion, mais la discussion n'a produit qu'une somme de 3,000 fr.; la caution est-elle libérée, ou bien le créancier pourra-t-il lui demander les 3,000 fr. qui restent dus ? Il faut décider, sans hésiter, que la somme produite par la discussion doit être imputée sur la partie de la dette qui n'était pas cautionnée, et que par conséquent la caution ne sera pas libérée. Il est certain en effet qu'en cautionnant la dette pour partie, la caution s'est engagée de répondre, jusqu'à concurrence de cette partie de la portion de la dette qui ne serait pas payée par le débiteur ; or, dans notre espèce, le débiteur n'ayant pu payer entièrement, puisque la discussion n'a produit que 3,000 fr., la caution se trouve tenue pour le reste. Un ancien arrêt du Parlement de Paris, rendu le 3 août 1709, a cependant jugé le contraire, et décidé que l'imputation de la somme provenant de la discussion devait se faire d'abord sur la partie de la dette garantie par la caution ; cet arrêt donnait pour raison qu'en présence de deux dettes, le payement doit toujours être imputé sur celle qui est la plus onéreuse, et que l'obligation contractée sous un cautionnement est plus onéreuse que celle qui est contractée purement et simplement. Cela est parfaitement vrai, mais on n'a pas pris garde que, dans l'espèce, il n'y a pas deux dettes, mais une seule dette dont une partie est cautionnée et l'autre ne l'est pas, ce qui détruit complétement le raisonnement sur lequel s'appuie cet arrêt. J'ajouterai qu'en prononçant la libération de la caution dans une circonstance semblable, on violerait manifestement la convention des parties.

Une dernière question nous reste à examiner. La caution, actionnée par le créancier, a invoqué le bénéfice de discussion ; le créancier néglige de poursuivre de suite, et le débiteur devient ensuite insolvable : lequel du créancier ou de la caution devra supporter le préjudice de cette insolvabilité ?

Cette question était fort controversée dans l'ancien droit. Pothier et Henrys la décidaient contre la caution, et enseignaient que le créancier, eût-il laissé passer plusieurs années sans poursuites, pouvait, si le débiteur devenait insolvable, revenir contre la caution, sans que celle-ci pût lui opposer aucune fin de non-recevoir, sous prétexte qu'il n'avait pas fait assez à temps la discussion des biens du débiteur principal, à laquelle il avait été renvoyé. La coutume de Bretagne avait admis avec raison l'opinion contraire, et décidait que, lorsque la caution avait valablement invoqué le bénéfice de discussion, et indiqué les biens à discuter, le créancier était responsable de l'insolvabilité du débiteur survenue par défaut de poursuites.

Lors de la rédaction du Code, la question fut vivement discutée en conseil d'Etat, et tranchée dans le sens de la coutume de Bretagne ; l'art. 2024 dispose, en effet, que toutes les fois que la caution a fait l'indication des biens à discuter, conformément à l'art. 2023 et fourni les deniers suffisants pour la discussion, le créancier est, jusqu'à concurrence des biens indiqués, responsable envers la caution de l'insolvabilité du débiteur, survenue par défaut de poursuites. Ainsi, aussitôt le bénéfice de discussion invoqué, le créancier doit poursuivre le débiteur; s'il ne le fait pas et que postérieurement le d biteur devienne insolvable, le créancier devra supporter la peine de sa négligence. Cette disposition est parfaitement juste et rationnelle, et Tronchet en a très-nettement expliqué les motifs dans la discussion au conseil d'Etat : le b`n`fice de discussion, a-t-il dit, ne fait que suspendre l'action du créancier contre la caution, laquelle n'est pas déchargée et sera obligée de compléter, si les biens du débiteur ne suffisent pas au payement de la dette. Mais le créancier, lorsqu'il a reçu l'indication des biens et l'avance des frais, devient mandataire de la caution ; il en résulte, non pas que la caution soit déchargée, mais que si son mandataire néglige de remplir le mandat qui lui a été donné de poursuivre de suite le d.biteur, et que ce débiteur devienne insolvable, il doit répondre des suites de sa négligence. En conséquence, la caution se trouvera déchargée jusqu'à concurrence de ce que le créancier aurait pu recouvrer de la dette, s'il avait poursuivi le débiteur en temps utile (1).

L'art. 2024 dispose que lorsque la caution a opposé le bénéfice de discussion, le créancier devient respon-

<hr>

(1) Fenet, t. XV, p. 17 et suiv.

sable de l'insolvabilité du débiteur survenue par défaut
de poursuites. Faisons d'abord remarquer que l'insolvabilité doit être postérieure au moment où le bénéfice
de discussion a été invoqué, car si elle remontait à
une époque antérieure à ce moment, le bénéfice de
discussion n'aurait été invoqué que par erreur, et le
créancier pourrait revenir contre la caution. Ce n'est
pas tout, et il résulte de l'exposé des motifs que nous
avons vu plus haut, que l'art. 2024 ne doit pas être
entendu d'une manière absolue; en effet, par cet article, la loi a pour but de punir le créancier de sa négligence ou de son incurie, et il faut qu'il y ait faute de
sa part pour que la caution puisse invoquer la disposition de l'art. 2024. C'est dans ce sens que la Cour
de cassation a décidé que le créancier, auquel trois
immeubles du débiteur avaient été indiqués, ne pouvait plus être admis à revenir contre la caution,
lorsque, n'ayant compris dans les poursuites qu'un
seul de ces immeubles, il n'avait pu être payé
entièrement sur le prix. Le créancier, il est vrai,
invoquait dans l'espèce l'art. 2209 du Code civil, aux
termes duquel le créancier ne peut poursuivre la vente
des immeubles qui ne lui sont pas hypothéqués que
dans le cas d'insuffisance des biens qui lui sont
hypothéqués. La Cour de cassation répondit que cet
article n'est pas applicable au cas où la créance étant
garantie par un cautionnement, et la caution ayant
d'abord été poursuivie, celle-ci a indiqué, pour être
discutés préalablement, tous les biens du débiteur,
aussi bien ceux qui ne sont pas hypothéqués que ceux
qui le sont. Le créancier est tenu alors de discuter

tous les biens du débiteur, et s'il ne le fait pas, il perd son recours contre la caution jusqu'à concurrence de la valeur des biens non discutés (1). L'art. 2209 est fondé sur l'intention probable du créancier et du débiteur, mais cette raison n'est plus possible lorsque la discussion a lieu sur l'indication de la caution, et l'art. 2209 n'est pas applicable dans l'espèce. Mais, même en n'admettant pas cette solution, et en appliquant l'art. 2209 au cas où la discussion a lieu sur l'indication de la caution, on devrait, dans l'espèce, repousser la prétention du créancier. L'art 2209 exige bien l'insuffisance de l'immeuble hypothéqué, mais le créancier peut parfaitement établir cette insuffisance tout d'abord, par toutes espèces de preuves, sans avoir besoin de recourir à la discussion préalable de l'immeuble hypothéqué ; s'il ne le fait pas, il devra supporter la peine de sa négligence.

Mais s'il n'y a aucune négligence à reprocher au créancier, par exemple si l'insolvabilité du débiteur est survenue tellement vite, qu'il a été impossible au créancier d'exercer des poursuites utiles, sa responsabilité doit être à couvert, et il pourra revenir valablement contre la caution. A ce sujet, le premier consul, qui présidait le conseil d'État lors de la discussion de l'art. 2024, avait proposé de décider que l'insolvabilité du débiteur survenue dans les trois mois après l'indication des biens par la caution, ne serait pas à la charge du créancier. Cette proposition admise par le conseil d'État ne fut cependant pas reproduite dans

(1) Rép. 3 avril 1833 (Dalloz, 35, 1, 216).

l'art. 2024, mais il faut décider, conformément à la justice et à la raison, que les tribunaux pourront, d'après les circonstances de chaque affaire, déterminer un délai pendant lequel l'insolvabilité survenue au débiteur ne restera pas à la charge du créancier.

L'art. 2024, en mettant à la charge du créancier l'insolvabilité du débiteur survenue par défaut de poursuites, prévoit seulement le cas où le bénéfice de discussion a été invoqué ; il suppose, par conséquent, que la caution a été poursuivie par le créancier, et a opposé l'exception de discussion. Si donc l'indication des biens a eu lieu avant toute poursuite, l'art. 2024 n'est plus applicable ; l'indication faite de cette manière ne pourrait être regardée que comme un simple conseil de la caution au créancier, et celui ci ne serait nullement responsable de l'insolvabilité du débiteur, survenue avant qu'il ait suivi ce conseil. Cependant, même dans ce cas, si, au lieu d'un simple conseil, il y avait un mandat de poursuivre le débiteur, mandat donné par la caution, et accepté par le créancier, même sans l'avance des frais, le créancier deviendrait responsable de l'inexécution du mandat, et devrait supporter l'insolvabilité du débiteur survenue par défaut de poursuites.

CHAPITRE II

DU BÉNÉFICE DE DIVISION.

Lorsque plusieurs personnes ont cautionné une dette, mais ne se sont engagées chacune que pour une partie de la dette, il est évident que chacune de ces cautions ne sera tenue vis-à-vis du créancier que de la portion de la dette pour laquelle elle s'est engagée. Mais le cas le plus fréquent est l'engagement en termes généraux, de la part de chacune des cautions ; dans quelle mesure alors seront-elles tenues ? Répondront-elles chacune de la totalité de la dette, ou bien ne seront-elles obligées chacune que pour une fraction correspondant à la dette divisée entre toutes les cautions ? En un mot, chacune des cautions reste-t-elle tenue en principe de la totalité de la dette, ou bien cette dette se divise-t-elle de plein droit entre les cautions ? Telle est la question qui s'est présentée dès l'origine du cautionnement, et qui a été résolue différemment aux différentes époques du droit.

A Rome, la dette se divisait de plein droit entre les *sponsores* et les *fidepromissores*, quels que fussent du reste les termes de leur engagement. Au contraire, les fidéjusseurs étaient tenus chacun de la totalité de la dette, lorsqu'ils avaient contracté leur engagement en termes généraux ; ils purent bien, à partir du règne d'Adrien, opposer au créancier le bénéfice de divison que leur avait accordé cet empereur, mais la division n'avait pas lieu de plein droit ; elle devait être demandée, et ne s'opérait qu'entre les fidéjusseurs solvables au moment de la *litis contestatio*. Ce système était certainement plus conforme au droit que le premier ; le fidéjusseur s'étant engagé sans réserve pour la totalité de la dette, devait rester tenu vis-à-vis du créancier dans les termes de son engagement, c'est-à-dire de la totalité ; le bénéfice qu'on lui accordait n'était pour lui qu'un secours, qu'une faveur, qui ne devait préjudicier en rien aux intérêts du créancier. Aussi ce système fut-il adopté par notre ancienne jurisprudence, qui admit le principe de l'obligation à toute la dette, pour chacune des cautions, mais avec le tempérament du bénéfice de division.

Lors de la discussion du projet du Code sur cette matière, le système consacré par l'ancienne jurisprudence fut admis sans discussion au conseil d'État ; mais la question fut fortement débattue lors de la discussion au Tribunat, dont une partie des membres demandèrent la division *ipso jure* entre les cautions, telle qu'elle était établie à Rome entre les *sponsores* et les *fidepromissores*. Les codébiteurs d'une obligation, dit-on, ne sont censés s'être engagés que pour leur part si le contraire n'est prouvé ; pourquoi décider autrement pour les cautions, lesquelles, lorsqu'il ne résulte pas de l'acte de cautionnement qu'elles ont entendu s'obliger solidairement, ne doivent pas être traitées avec plus de rigueur que les obligés? Le projet a met la caution au bénéfice de division, mais elle doit le demander; ne serait-il pas plus simple que la division eût lieu de plein droit, toutes les fois qu'il n'y aurait pas renonciation? En raison de ces motifs, on proposa de dire que lorsque plusieurs personnes se sont rendues cautions du même débiteur pour la même dette, chacune d'elles, si elles ne se sont pas engagées solidairement, n'est tenue que de sa part et portion dans la dette, sans être garant de l'insolvabilité ou de l'incapacité des autres cautions. A cette argumentation, on répondit qu'on ne pouvait comparer les confidéjusseurs aux co-obligés. Lorsque ceux-ci se sont engagés pour la même obligation, sans solidarité, il y a au moins doute sur leur engagement, doute qui doit être interprété en leur faveur; ils ne seront donc tenus que pour leur part et portion. Mais il est de la nature du cautionnement que chacune des cautions s'oblige pour toute la dette; il en résulte qu'à défaut de réserves, chacune des cautions est supposée avoir consenti à ce que le créancier s'adressât à l'une ou l'autre des cautions pour la totalité de la dette, comme s'il n'y avait qu'une seule caution (1).

J'ajouterai encore un mot. Les partisans de la division *ipso jure* disaient que puisqu'on accordait aux cautions le bénéfice de division, il serait plus simple de décider que cette division aurait lieu de plein droit. Plus simple, c'est possible; mais on arriverait à des résultats fort différents, et peu en harmonie avec les principes généraux du cautionnement. Les cautions sont tenues, chacune, de la totalité de la dette, cela

(1) Fenet, t. XV, p. 23 et suiv.

résulte des termes de leur engagement, et le créancier, à raison de cet engagement, peut poursuivre chacune des cautions pour la totalité. La caution poursuivie peut opposer le bénéfice de division, mais ce bénéfice, pure grâce pour elle, ne doit pas préjudicier aux intérêts du créancier ; et c'est ce qui arriverait dans le système de la division *ipso jure*, car alors, si certaines cautions sont devenues insolvables, le créancier devra supporter cette insolvablilité : or ce serait violer ouvertement la convention des parties, puisque c'est précisément pour se garantir de l'insolvabilité de certaines cautions que le créancier en a exigé plusieurs.

La question, après discussion, fut mise aux voix dans la section de législation du Tribunat, et il y eut un partage égal, par l'effet duquel le projet présenté par la commission et admis par le conseil d'Etat, c'est-à-dire l'adoption du système de notre ancienne jurisprudence, fut maintenu. Ainsi plusieurs personnes s'engagent conjointement au payement d'une dette, elles n'en sont tenues que pour leur part et portion ; mais si ces personnes sont des cautions qui viennent garantir la dette d'un autre, l'art. 2025 dispose qu'elles sont tenues chacune pour la totalité. Cette règle est juste, conforme aux termes de la convention et aux principes du cautionnement ; mais il n'y avait pas de raisons de décider autrement pour les co-obligés, qui devraient, comme les cautions, être tenus chacun de la totalité de la dette, lorsqu'ils s'engagent en termes généraux, sans explications ni réserves. Mais il ne faut pas étendre la disposition de l'art. 2025, et dire, avec certains auteurs, que, d'après cet article, les cautions sont tenues entre elles par un lien de solidarité parfaite. La solidarité ne se présume pas, et lorsqu'elle n'a pas été convenue par les parties, il faut pour l'établir une disposition expresse de la loi ; or l'art. 2025 dit simplement que chacune des cautions est tenue de toute la dette, et ne parle nullement de solidarité.

Chacune des cautions, dans notre législation, est donc tenue en principe de la totalité de la dette ; mais la loi apporte un tempérament à cette règle, en accordant aux cautions le bénéfice de division. Ce bénéfice, établi par un rescrit de l'empereur Adrien, adopté dans notre ancienne jurisprudence, a été conservé par l'art. 2026 du Code civil ; par ce bénéfice, la loi permet à la caution poursuivie d'exiger, lorsqu'elle n'a pas renoncé à ce droit, que le créancier divise son action entre toutes les cautions solvables au moment du jugement qui prononce la division.

Le bénéfice de division est une exception, il faut donc pour l'opposer, ou autrement pour invoquer le bénéfice de division, que la caution soit poursuivie par le créancier. Jusque-là, le bénéfice de division ne pouvant être invoqué, la caution reste tenue de la totalité de la dette, et ne pourrait par conséquent forcer le créancier à accepter sa part contributive ; elle doit offrir le tout au créancier, qui serait fondé à refuser comme insuffisantes des offres partielles. La division, nous l'avons vu, n'a pas lieu de plein droit, mais n'est qu'un bénéfice de pure faculté, dont la caution peut user ou ne pas user, à son gré ; elle doit donc, lorsqu'elle est poursuivie, s'expliquer à cet égard : elle ne pourra obtenir la division qu'en le demandant, et le juge ne pourrait pas, sans excéder ses pouvoirs, l'accorder d'office.

Le bénéfice de division est une faveur accordée à la caution qui peut y renoncer, comme l'établit incidemment l'art. 2026. Cette renonciation est ordinairement expresse, et de même que la renonciation au bénéfice de discussion est devenue une clause de style dans les actes notariés ; mais elle peut aussi être tacite. Toutefois, en dehors d'une renonciation expresse, la présomption est que la caution a conservé son droit ; il faudra donc, pour lui opposer une renonciation tacite, que le fait duquel on prétend l'induire implique avec certitude cette renonciation. C'est là une appréciation de faits laissée au pouvoir des tribunaux, et pour laquelle il est impossible de formuler aucune règle.

Il est cependant un cas où il ne peut y avoir doute, et dans lequel le juge doit voir forcément une renonciation ; c'est le cas où la caution s'est engagée solidairement, soit avec le débiteur, soit avec les autres cautions. Cette question, qui était controversée dans l'ancien droit, a été résolue par les art. 2021 et 1203 du Code civil, et aujourd'hui le doute n'est plus possible. En effet, l'art. 2021 dit que, dans le cas où la caution est engagée solidairement avec le débiteur, l'obligation se règle d'après les principes établis pour les obligations solidaires ; d'autre part, l'art. 1203 dispose que le créancier d'une obligation contractée solidairement peut s'adresser à celui des débiteurs qu'il veut choisir, sans que celui-ci puisse lui opposer le bénéfice de division. Il en résulte que si la caution s'est obligée solidairement, soit avec le débiteur, soit avec les autres cautions, la renonciation, quoique tacite, est aussi certaine que si elle était formellement exprimée, et la caution poursuivie ne jouira pas du droit d'invoquer le bénéfice de division. Mais, remarquons-le, les exceptions de divison et de discussion sont totalement indépendantes l'une de l'autre ; à la vérité, si la caution s'est obligée solidairement avec le débiteur, elle perd le droit, et au bénéfice de division, et au bénéfice de discussion ; mais si elle ne s'est obligée solidairement qu'avec les autres cautions, elle perd bien le droit au bénéfice de division, mais conserve le droit d'opposer au créancier le bénéfice de discussion, si elle n'y a pas renoncé autrement.

Quelles sont les cautions qui peuvent opposer l'exception de division aux poursuites du créancier? Toutes les cautions peuvent l'opposer, répond l'art. 2026, excepté celles qui y ont renoncé, soit expressément, soit tacitement. C'est là, du reste, la seule exception que nous trouvons au principe que toute caution peut opposer l'exception de division ; autrefois, la loi romaine refusait ce bénéfice aux *inficiantibus*, c'est-à-dire à ceux qui avaient nié tout d'abord leur qualité de cautions : leur mauvaise foi les rendait indignes de la faveur que l'on accordait aux fidéjusseurs. Cette disposition n'a été, ni reproduite dans l'ancien droit, ni adoptée par les rédacteurs du Code ; nous n'avons donc pas à nous en occuper. Mais que faut-il décider pour la caution judiciaire ? Dans l'ancien droit, Basnage et Pothier enseignaient qu'elle était privée du bénéfice de division, comme de celui de discussion ; les rédacteurs du Code ont reproduit cette théorie dans l'art. 2042, pour le bénéfice de discussion, mais ont passé son silence le bénéfice de division. C'est peut-être un oubli, mais, quoi qu'il en soit, nous ne pouvons suppléer au silence de la loi, et devons, en l'absence de tout texte contraire, décider que les cautions judiciaires peuvent invoquer le bénéfice de division.

Toute caution, lorsqu'elle n'a pas renoncé à ce droit, peut, lorsqu'elle est poursuivie par le créancier, invoquer le bénéfice de division. La seule condition qu'elle a à remplir, c'est de le demander, car nous ne trouvons pas ici les conditions nécessaires pour l'exercice du droit au bénéfice de discussion. L'art. 2026 ne reproduit pas la disposition de l'art. 2023, relative à l'avance des frais ; la caution qui oppose l'exception de division n'est donc pas tenue de faire au créancier l'avance des frais nécessaires pour poursuivre les autres cautions ; et c'est avec raison. En effet, l'exception de division, contrairement à celle de discussion, est péremptoire et non dilatoire ; elle tend, non à retarder, mais à exclure l'action du créancier contre celui qui l'oppose, pour toute la part des autres cautions ; et comme après la division opérée, la caution ne doit rien autre que sa part, et que le créancier ne peut lui demander rien en sus de cette part, il ne peut par conséquent lui demander de payer les frais nécessaires pour poursuivre les autres cautions auxquelles elle est devenue complétement étrangère.

Je viens de dire que le bénéfice de division n'est pas, comme le bénéfice de discussion, une exception dilatoire, mais bien une exception péremptoire, une véritable défense au fond, tendant à exclure, pour une certaine quotité l'action du créancier contre la caution ; aussi ne retrouvons-nous pas, dans l'art. 2026, la disposition de l'art. 2022 qui, parlant de l'exception de discussion, dit qu'elle devra être opposée par la caution sur les premières poursuites dirigées contre elle. La caution pourra donc opposer l'exception de division en tout état de cause, comme elle pourrait le faire de toute autre défense au fond, et ne sera nullement déchue de son droit pour avoir laissé passer les premiè- res poursuites sans invoquer le bénéfice de division.

La caution ne peut cependant pas conserver indé- finiment le droit d'opposer l'exception de division ; mais alors, quel sera le moment à partir duquel elle sera déchue de ce droit ? A Rome, le fidéjusseur de- vait demander la division avant la *litis contestatio* : *Ante condemnationem ex ordine postulari solet*, dit dans une constitution l'empéreur Alexandre (1). Ce principe était peu logique, car l'exception de division tendant à exclure pour partie l'action du créancier, et devant être considérée par là même comme une défense au fond, le fidéjusseur aurait dû avoir le droit de l'opposer en tout état de cause. Mais cela n'était pas possible avec une procédure aussi stricte et aussi

____

(1) L. 10, C., *De fidej.*

formaliste que celle des Romains ; la *litis contestatio* opérant, comme nous l'avons vu, une novation juridique qui éteignait l'ancienne obligation et
libérait les autres fidéjusseurs, une fois qu'elle était
accomplie, le fidéjusseur poursuivi ne pouvait plus
demander la division de l'action, parce que les autres
fidéjusseurs étant libérés, cette division n'était plus
possible. Pothier, prenant en considération le véritable caractère de l'exception de division, et ne trouvant plus d'ailleurs l'obstacle de l'effet extinctif de la
litis contestatio, enseigna au contraire qu'elle pouvait
être invoquée en tout état de cause, et en cela il eut
parfaitement raison ; mais il eut tort d'appuyer cette
opinion sur l'expression *condemnatio* de la loi 10 dont
nous avons parlé plus haut, argument contraire aux
principes généraux du droit romain, et qui, de plus,
portait sur une interprétation erronée, comme l'a
démontré la découverte du manuscrit de Gaius.

Les rédacteurs du Code ne se sont pas expliqués
sur cette question, mais il résulte jusqu'à l'évidence
qu'ayant dit expressément dans l'art. 2022 que le
bénéfice de discussion doit être invoqué sur les premières poursuites, et gardant un silence complet sur
ce point dans l'art. 2026, ils ont entendu suivre le
système admis dans l'ancien droit, sous l'influence de
Pothier, d'autant plus que les Commentaires de Gaius
n'étant pas encore découverts à leur époque, ils ont
pu partager l'erreur de Pothier sur la loi 10, et pen-
ser que c'était la décision de la loi romaine. Il est donc
bien établi que la caution peut opposer le bénéfice
de division en tout état de cause ; mais quel est le

moment précis à partir duquel elle est déchue de son droit ?

Ce moment est déterminé par le jugement de condamnation, la caution pourra donc demander la division de l'action, tant que le jugement qui la condamne ne sera pas intervenu. Certains auteurs anciens avaient soutenu que, même après le jugement, la caution pouvait invoquer le bénéfice de division, comme elle pouvait le faire pour le bénéfice *cedendarum actionum*; ce système n'est pas admissible, car il repose sur une assimilation fausse entre l'exception de division et l'exception de cession d'actions. En effet, dit Pothier, l'exception de cession d'actions n'attaque ni la sentence, ni le droit acquis au créancier par l'effet du jugement, tandis que l'exception de division, si elle était invoquée après le jugement de condamnation, attaquerait, et le jugement, et le droit acquis au créancier, puisqu'elle tendrait à restreindre à une partie de la dette le droit que le créancier a acquis par le jugement d'exiger de la caution le payement de la totalité.

Ainsi la caution, en tout état de cause, peut demander la division de l'action ; sans doute elle a intérêt à la demander sans retard, car tant que la division n'est pas prononcée, elle supporte les insolvabilités qui peuvent frapper les autres cautions; de plus la circonstance que la caution a différé sans raison de proposer son exception, pourrait la faire considérer comme ayant tacitement renoncé à son droit. Mais elle n'encourt aucune déchéance, et conserve le droit d'invoquer le bénéfice de division, droit qu'elle ne perd que lorsqu'il est intervenu un jugement de condamnation. Or, remarquons-le bien, il faut pour faire perdre ce droit à la caution, non pas seulement un jugement quelconque, mais un jugement définitif ayant force de chose jugée. Si le jugement était suspendu par un appel, il n'y aurait pas à vrai dire de condamnation, et l'exception de division pourrait être opposée même en appel, jusqu'à la décision définitive par laquelle le jugement primitif serait confirmé; c'était l'opinion de Pothier, et c'est aussi celle qui doit être adoptée sous l'empire du Code, comme parfaitement conforme au véritable caractère de l'exception de division.

De quelle manière doit être opposée l'exception de division? Je rappellerai ce que j'ai dit à ce sujet en étudiant le bénéfice de division. Dans le cas de poursuites judiciaires, l'exception devra être proposée par acte d'avoué à avoué, mais sans l'offre d'avance des frais, car nous savons que pour l'obtention du bénéfice de division, il n'y a pas lieu à l'avance des frais.

Jusqu'ici, nous avons supposé que la caution était poursuivie judiciairement par le créancier, à l'effet d'obtenir contre elle un jugement qui la condamne à payer. Supposons maintenant, au lieu de poursuites judiciaires, des poursuites extrajudiciaires, cas qui se présentera lorsque le créancier, muni d'un titre exécutoire, n'aura pas besoin de s'adresser aux tribunaux, et poursuivra directement la caution. Celle-ci peut, dans ce cas, demander la division des poursuites, cela est certain ; mais jusqu'à quel moment conserve-t-elle ce droit? Le Code n'a pas prévu cette question, mais il est facile de la résoudre, en raisonnant à *simili* de ce qui est décidé pour le cas où on se trouve en présence de poursuites judiciaires. Dans le cas de poursuites judiciaires, l'événement qui fait perdre à la caution son droit au bénéfice de division, c'est le jugement de condamnation, parce que la division postérieure à ce jugement violerait le droit acquis au créancier par ce même jugement. Appliquant ce raisonnement au cas de poursuites extrajudiciaires, on doit décider de même que la caution sera déchue de son droit d'invoquer le bénéfice de division, lorsque le créancier se trouvera avoir définitivement un droit acquis au montant intégral de la créance, droit que la division, si elle pouvait se faire alors, aurait pour résultat de violer.

Et d'abord, la caution n'est pas obligée d'opposer le bénéfice de division au moment de la saisie, c'est-à-dire sur les premières poursuites, car on ne peut, en matière de poursuites extrajudiciaires, établir un principe différent de celui qui est admis dans le cas de poursuites judiciaires ; j'ajouterai que ce serait peu rationnel d'imposer cette obligation à la caution qui veut invoquer le bénéfice de division, lorsqu'elle n'y est pas obligée dans le cas du bénéfice de discussion, cas dans lequel elle est cependant moins favorablement traitée, puisque alors, le principe est qu'elle doit opposer son exception sur les premières poursuites. Mais à quel moment de la procédure la caution sera-t-elle déchue de son droit au bénéfice de division ? M. Duranton, raisonnant par analogie du bénéfice de discussion, a soutenu que c'était le moment de la vente, et que postérieurement à ce moment, la caution ne pourrait plus

demander la division, car ce serait jeter le créancier
dans des longueurs désormais sans objet pour la cau·
tion elle-même. Ce système n'est pas admissible ; la
position du créancier n'est pas changée, et je ne vois
pas pour quelle raison la vente des biens de la caution
ferait acquérir définitivement au créancier le droit
d'être payé intégralement par cette caution. On ne
saurait même voir dans le fait de la caution de laisser
vendre ses biens, la renonciation au bénéfice et l'intention de rester seule vis-à-vis du créancier ; en effet,
la vente est également nécessaire, soit que la caution
doive payer seulement sa part dans la dette, soit
qu'elle doive acquitter la totalité de cette dette. Le
silence qu'elle garde sur la saisie et même sur la vente
de ses biens ne doit donc pas lui faire perdre le droit
qu'elle a de demander à ne contribuer que pour sa
part au payement de sa dette. A l'appui de son système, M. Duranton dit qu'imposer au créancier la
division de son action après la vente des biens de
la caution, ce serait le jeter dans des longueurs sans
objet pour celle-ci. Je répondrai à cela, que d'abord
la division peut être fort utile à la caution qui y ga-
gnera de n'être pas forcée de recourir contre les autres
cautions, et sera à l'abri des insolvabilités qui pourraient survenir. J'ajouterai que le créancier ne saurait
se plaindre de la longueur des poursuites qui lui sont
imposées par la division, car si l'exception avait été
opposée tout d'abord, il aurait bien été forcé d'exercer des poursuites contre les différentes cautions, et
qu'il s'agisse pour lui d'obtenir une partie de la dette,
ou la totalité, ces poursuites auraient toujours été

aussi longues. On n'aggrave pas sa position en invoquant le bénéfice de division après la vente des biens de la caution, on lui conserve la position qu'il aurait eue si l'exception avait été proposée tout d'abord.

L'événement qui seul peut faire perdre à la caution le droit au bénéfice de division dans le cas de poursuites extrajudiciaires, c'est le payement du prix entre les mains du créancier; il y a alors, non pas précisément droit acquis définitivement au créancier, mais extinction de l'obligation par voie de payement : les autres cautions se trouvent libérées, et une division postérieure à ce payement ne saurait se comprendre En résumé, lorsque la caution est poursuivie extrajudiciairement, à aucun moment de la procédure elle ne perd son droit d'invoquer le bénéfice de division ; elle n'encourt la déchéance de ce droit que lorsque la division devient impossible par suite de l'extinction de l'obligation. Mais remarquons, en terminant cette question, que dans le cas de poursuites extrajudiciaires, comme dans celui de poursuites judiciaires, la caution peut renoncer virtuellement au droit de demander la division; on devra donc le lui refuser lorsque les circonstances qui auront accompagné, soit la vente, soit la saisie, soit tout acte de procédure antérieure, impliqueront forcément de sa part renonciation au bénéfice de division Quant au mode suivant lequel la caution devra manifester sa volonté d'exiger la division des poursuites dans le cas de poursuites extrajudiciaires, il est le même que dans le cas du bénéfice de discussion. La caution opposera son exception, soit immédiatement sur les commandement, saisie, ou autres actes qui lui seront signifiés, soit plus tard par exploit signifié au créancier, sauf si celui-ci ne sursoit pas aux poursuites, à faire statuer conformément à l'art. 554 du Code de procédure, comme nous l'avons dit en étu liant le bénéfice de discussion.

Revenons au cas où la caution a conservé plein et entier le droit d'opposer le bénéfice de division ; elle est poursuivie par le créancier et demande la division, entre quelles cautions le créancier sera-t-il obligé de diviser son action ? Les articles 2025 et 2026 répondent à cette question, et disposent que le créancier n'est obligé de diviser son action qu'entre les différentes cautions solvables d'un même débiteur pour une même dette ; d'où il résulte que les cautions doivent réunir deux conditions, en l'absence desquelles le créancier ne peut être obligé de diviser son action : elles doivent être intervenues pour la même dette et le même débiteur, et être solvables.

1° — La division ne peut être opérée qu'entre les cautions intervenues pour la même dette et le même débiteur ; la division, en effet, ne peut s'opérer qu'entre les co-cautions, de même qu'en droit romain elle ne pouvait se faire qu'entre colldéjusseurs ; or en l'absence d'une de ces conditions, il n'y a que des cautions distinctes, et non des co-cautions. Par application de ce principe, nous déciderons d'abord qu'il n'y a pas de division possible entre la caution et son certificateur, car ils ont bien cautionné la même dette, mais non le même débiteur ; c'était du reste la décision de la loi romaine qui faisait parfaitement remar-

quer que, par rapport au certificateur, la caution
remplit le rôle de débiteur principal, et que de même
que le débiteur principal ne peut demander la division entre lui et la caution, de même la caution ne
peut demander la division entre elle et son certificateur. Mais remarquons avec Pothier que le certificateur peut opposer les exceptions qui compètent à la
caution qu'il a certifiée, et est par conséquent en droit,
s'il est actionné, et dans le cas où il y aurait plusieurs
cautions, de demander la division de la dette entre
lui et les autres cautions.

La division ne pourra pas non plus avoir lieu entre
les cautions de différents codébiteurs solidaires ; en
effet, il manque ici une des deux conditions nécessaires, car si les cautions ont répondu pour la même
dette, elles n'ont pas répondu pour le même débiteur ;
elles n'ont donc pas la qualité de co-cautions, et ne
peuvent demander la division entre elles. Sur ce
point. M. Troplong est d'un avis différent, et soutient
que la division peut s'opérer entre les cautions de
plusieurs débiteurs solidaires ; elles ont cautionné la
même dette, dit-il, et aussi le même débiteur, puisque
la personne qui cautionne un des débiteurs solidaires
est aussi, en quelque façon, caution des autres. Nous
avons, en étudiant le bénéfice de discussion, essayé
de réfuter cette doctrine qui ne repose sur aucun
fondement sérieux ; nous n'y reviendrons pas.

Ainsi, cautionnement de la même dette, et pour le
même débiteur, telles sont les deux conditions nécessaires pour la division. Du reste, peu importe
qu'elles se soient engagées en même temps, ou succes-

sivement; même dans ce cas, chacune des cautions, lorsqu'elle est poursuivie, a le droit de demander la division entre toutes les cautions, quelle que soit la date de leur engagement. A ce sujet, M. Duranton s'est efforcé de trouver une distinction dans l'art. 2026, et a soutenu que cet article ne s'appliquait qu'au cas où le cautionnement avait été donné par plusieurs conjointement; mais cette doctrine, contraire au texte et à l'esprit de la loi, a été repoussée par tous les auteurs. L'art. 2025 établit l'obligation de chacune des cautions à la totalité de la dette, sans distinguer si elles se sont engagées conjointement ou successivement; l'art. 2026 vient simplement apporter un tempérament à la rigueur de ce principe, en accordant à ces cautions le bénéfice de division, et ne fait, lui non plus, aucune distinction : et en effet, il n'y avait pas lieu de distinguer. Le bénéfice de division est fondé sur la faveur qu'on accorde à la caution, et sur la nécessité d'épargner des frais et de prévenir des recours entre les diverses cautions; or la division a la même raison d'être, aussi bien si les cautions se sont engagées successivement, que si elles se sont engagées conjointement par le même acte.

Nous avons jusqu'ici supposé les diverses cautions d'une obligation tenues sous la même modalité ; mais les unes peuvent être tenues purement et simplement, tandis que les autres le sont à terme ou sous condition : que faut-il décider dans ce cas particulier? L'art. 2026 ne fait aucune distinction, d'où je conclus que la division, réclamée par la caution poursuivie, doit être opérée indistinctement entre toutes les cautions,

quelles que soient les modalités sous lesquelles elles se
sont engagées ; c'était la décision de la loi romaine,
admise plus tard dans notre ancien droit. Mais, remarquons-le bien, cette division ne sera que pro-
visoire, et soumise aux mêmes modalités que les cautions elles-mêmes. Si en effet, la condition vient
à défaillir, ou si à l'avénement du terme ou à la
réalisation de la condition, la caution comptée
dans la division par provision est devenue insolvable,
la division est considérée comme non avenue, et le
créancier aura le droit de revenir contre les autres
cautions, pour se faire payer la part attribuée à cette
caution dans la division.

2° — La division, dit l'art. 2026, ne peut avoir lieu
qu'entre les cautions solvables ; le bénéfice de division, qui est une faveur accordée à la caution, ne doit
pas, en effet, causer de préjudice au créancier. Il a
exigé plusieurs cautions pour être plus certain du
remboursement, et se prémunir contre l'insolvabilité
qui pourrait frapper telle ou telle caution, ce serait
donc violer et la justice et la loi de la convention, que
de mettre à sa charge les insolvabilités qui pourraient
survenir. Mais à quel moment faut-il se placer pour
apprécier la solvabilité des différentes cautions ? Il
faut se placer au moment de la prononciation de la
division par le juge, et jusque-là, chacune des cautions
étant débitrice du total de la dette, doit supporter les
insolvabilités qui peuvent survenir ; cela résulte des
termes formels de l'art. 2026, lequel ne fait que reproduire, sur ce point, l'opinion de Pothier admise dans
l'ancien droit, et déroge ainsi à la règle en vi-

gueur dans le droit romain, règle peu logique, mais‹ nécessaire à raison de l'effet extinctif de la *litis contestatio.*

Une caution est poursuivie et demande la division; mais le créancier conteste la solvabilité d'une ou plusieurs des autres cautions ; sera-ce à la caution à prouver la solvabilité, ou au créancier à prouver l'insolvabilité? C'est au créancier à prouver l'insolvabilité, a-t-on dit, car la loi ne pose aucune condition à l'application du bénéfice de division, comme elle le fait pour le bénéfice de discussion ; de plus, dit-on, la position la plus générale, celle qui doit être présumée, c'est la solvabilité, et le créancier qui la conteste doit apporter la preuve de ce qu'il avance. Ce raisonnement ne me satisfait pas ; la loi, après avoir imposé à la caution l'obligation à la dette entière, modifie ce principe en lui accordant par grâce le bénéfice de division ; seulement, ajoute-t-elle, cette faveur ne doit préjudicier en rien au créancier, aussi la division ne doit se faire qu'entre les cautions solvables. La solvabilité des diverses cautions est donc une condition imposée à la caution, pour qu'elle puisse invoquer le bénéfice de division ; si donc cette solvabilité est contestée, elle doit l'établir, et prouver par là qu'elle se trouve dans le cas de l'art. 2026, et qu'elle a droit au bénéfice de division. Du reste, on doit admettre sans aucun doute que la caution qui oppose l'exception de division, sans pouvoir établir la solvabilité des autres cautions, doit être reçue, en offrant de payer sa part, à exiger que le créancier, avant qu'il soit fait droit pour le surplus, discute les autres cautions. Cette règle, qui ne blesse en rien les intérêts du créancier, était déjà admise en droit romain (1); mais il est bien entendu que la discussion des autres cautions se fera aux risques de la caution, laquelle, selon moi, devra même indiquer les biens à discuter et faire l'avance des frais. Ajoutons qu'en établissant la solvabilité des diverses cautions, on devra compter dans la division une caution insolvable qui a un certificateur solvable ; dans ce cas, c'est au certificateur que le créancier s'adressera, à l'effet de toucher la part contributive de la caution certifiée.

Nous avons dit que pour juger de la solvabilité ou de l'insolvabilité des diverses cautions, il fallait se placer au moment du jugement qui prononce la division ; ce jugement est le fait important en cette matière, c'est lui qui fixe définitivement la position des cautions vis à-vis du créancier. Avant la prononciation de la division, en effet, chacune des cautions est tenue de toute la dette, et l'insolvabilité qui vient frapper une des cautions est nécessairement supportée par les autres ; mais une fois la division prononcée, chacune des cautions entre lesquelles elle a été opérée n'est plus tenue que de sa part personnelle envers le créancier, qui n'a pas le droit de lui demander davantage ; il en résulte que si une ou plusieurs des cautions, solvables au moment du jugement, devenaient ensuite insolvables, le créancier devrait supporter cette insolvabilité, sans pouvoir revenir contre les autres cautions dont la part dans la dette a été définitivement fixée par l'effet de la division. C'est

(1) L. 10, De fidej.

qu'en effet, l'exception de division, contrairement à l'exception de discussion, est réellement une exception péremptoire, qui a pour effet de périmer l'action du créancier contre la caution, non pour la totalité, mais pour la part des autres cautions avec lesquelles la division a été prononcée.

Aussitôt la division prononcée, la position des cautions est définitivement fixée, et le créancier supporte toutes les insolvabilités qui peuvent survenir postérieurement à ce moment ; il doit donc se hâter, aussitôt la prononciation du jugement, d'exercer des poursuites contre chacune des cautions. Mais certaines des cautions, solvables au moment de la division peuvent devenir insolvables avec une rapidité telle, que le créancier n'ait pas le temps moral d'exercer des poursuites utiles ; ne pourrait-on pas admettre ici le tempérament que nous avons admis dans le cas du bénéfice de discussion, et permettre au créancier de revenir contre les cautions solvables, lorsque l'insolvabilité de l'une d'elles est survenue si promptement, qu'il lui a été impossible de se faire payer ? Ce tempérament, que nous avons admis dans le cas de l'art. 2024, n'est pas possible dans le cas de l'art. 2026, décision que se justifie par la différence qui existe entre l'exception de discussion et celle de division. Dans le cas du bénéfice de discussion, le créancier est bien obligé de poursuivre d'abord le débiteur, mais l'exception opposée par la caution n'est en réalité que dilatoire, et la caution reste tenue envers le créancier, pour le cas où la discussion du débiteur ne produirait pas la somme nécessaire pour le payement. Si posté-

rieurement au moment où l'excepti.n de discussion
a été opposée, le débiteur devient insolvable, le
créancier supportera cette insolvabilité, mais parce
qu'il y a eu faute ou négligence de sa part, et qu'il
doit en supporter les conséquences ; que si on ne peut
lui reprocher aucune faute, par exemple si l'insolvabilité est survenue dans un espace de temps si court,
que le créancier n'a pu exercer de poursuites utiles,
il pourra revenir contre la caution, qui est restée
tenue envers lui : c'est bien là, comme nous l'avons
vu plus haut, la théorie de l'art. 2024, qui parle
d'insolvabilité survenue par défaut de poursuites, expressions qui impliquent forcément faute de la part
du créancier. Dans le cas de l'exception de division,
rien de semblable ; dès que la division est prononcée,
chacune des cautions se trouve libérée pour toute la
partie de la dette qui est en dehors de sa part dans la
division, et le créancier n'a plus d'action contre elle
que dans les limites de cette part. Si postérieurement
à la division, une des cautions devient insolvable, le
créancier ne peut pas recourir contre les cautions
solvables, non parce qu'il y a faute de sa part, mais
parce qu'il n'a plus d'actions contre elles, en dehors
de leurs parts respectives. Et c'est ce que reconnaît
positivement l'art. 2025, lorsqu'il déclare d'une manière formelle, qu'une caution ne peut être recher-
chée pour les insolvabilités survenues depuis la division. Ce résultat sera peut-être inique et fort dur
pour le créancier, lorsque l'une des cautions, solvable
au moment de la division, est devenue insolvable
quelques jours après ; mais la loi est formelle, et nous
devons nous y tenir.

J'ai dit que le jugement prononçant la division fixe d'une manière définitive la part que le créancier peut demander à chacune des cautions ; il n'en sera toutefois ainsi que si les cautions comprises dans la division étaient alors véritablement solvables. Mais si le créancier vient établir, d'une manière certaine, que l'une des cautions a été comprise par erreur dans la division, et que, à cette époque, elle était réellement insolvable, nul doute qu'il n'ait le droit de demander qu'il soit fait une autre division. La division prononcée se trouve en effet, dans ce cas, manquer d'une condition essentielle, la solvabilité de toutes les cautions qui y sont comprises ; elle est donc nulle et non avenue, et le créancier a le droit d'en demander une autre.

Jusqu'ici, nous ne nous sommes occupés que de la question de solvabilité ou d'insolvabilité ; que faut-il décider si l'une des cautions est non plus insolvable, mais incapable ? En droit romain, nous avons vu que le fidéjusseur incapable était exclu de la division. Dans notre législation faut-il décider de même, et dire que la caution incapable ne doit pas être comptée dans la division ? Aucun texte ne vient résoudre cette question ; pour moi, me fondant sur les principes généraux en matière d'annulation de contrat, j'adopterai la négative, et déciderai que la caution incapable doit être comprise dans la division.

Si l'engagement d'une caution est complétement nul, elle n'a pas la qualité de caution, et ne doit pas évidemment être comprise dans la division. Mais, au lieu d'un engagement nul, supposons un engagement simplement annulable, parce qu'il a été pris soit par un mineur, soit par une femme mariée, sans l'autorisation de son mari, la caution devra alors être comprise dans la division. En effet, le contrat a dans ce cas une existence réelle, sauf la faculté qu'a l'incapable de le faire annuler; mais tant que l'incapable n'use pas de cette faculté, l'engagement tient, et il n'y a pas de raison pour que cette caution incapable ne soit pas comprise dans la division. Mais, remarquons-le bien, la caution incapable se trouve être, en fait, une caution tenue sous condition résolutoire; si en effet elle vient à faire annuler le contrat pour cause d'incapacité, elle ne sera plus tenue comme caution vis-à-vis du créancier. De là il résulte qu'on doit bien la comprendre dans la division, mais qu'elle ne doit y être comptée que sous la réserve, pour le créancier, de revenir contre les autres cautions, s'il arrivait plus tard que sur la demande de la caution incapable, la nullité de son engagement fût prononcée. C'était la décision de Pothier qui nous en donne la raison décisive; on ne peut pas dire en effet, du créancier, qu'en acceptant le cautionnement d'un incapable, il a entendu se charger des risques de la restitution; au contraire, en ne se contentant pas du cautionnement de ce mineur, et en exigeant l'adjonction d'autres cautions, il a clairement prouvé qu'il cherchait à se garantir de la restitution, et n'entendait pas en courir les risques.

Supposons maintenant, au lieu d'une caution insolvable ou incapable, une caution domiciliée à l'étranger, devra-t-on la compter dans la division, ou devra-t-on l'assimiler à un insolvable, et l'exclure? A

Rome, les fidéjusseurs absents, du moins selon moi,
devaient être assimilés à des insolvables, et exclus
de la division ; décider autrement eût été causer un
grave préjudice au créancier, sous l'empire d'une
législation où on ne pouvait assigner un absent. Dans
notre ancien droit, on suivit la même règle, et dans
l'application du bénéfice de division, on assimila à
un insolvable la caution domiciliée à l'étranger, non
plus comme à Rome, parce qu'on ne pouvait assigner un absent, mais parce que la division, dans ce
cas, aurait occasionné de trop grandes difficultés de
poursuites au créancier. Dans notre législation
actuelle, nous ne trouvons aucun texte qui établisse
que les rédacteurs du Code ont voulu consacrer cet'e
règle. Quelques auteurs ont bien soutenu que la
caution domiciliée à l'étranger ne devait pas compter
dans la division, si elle ne possédait pas de biens en
France ; cette opinion pourrait être bonne en législation, mais l'admettre serait, non plus interpréter
la loi, mais la créer. Les cautions d'une obligation,
par cela qu'elles sont tenues en principe de toute la
dette, se trouvent dans une situation exceptionnelle,
et on ne peut, en dehors d'une disposition formelle
de la loi, considérer comme insolvable la caution
domiciliée à l'étranger, et restreindre ainsi le moyen
que la loi donne aux cautions de se replacer dans
le droit commun, d'après lequel, en principe, les
co-obligés d'une obligation n'en sont tenus chacun
que pour sa part et portion. Si au lieu d'une caution
domiciliée à l'étranger, nous avons une caution
absente dans le sens strict du mot, elle doit évidem-

ment compter dans la division ; elle sera représentée par les envoyés en possession, auxquels le créancier s'adréssera pour toucher la part contributive de l'absent dans la dette.

La division, nous l'avons vu, produit un effet important ; dès qu'elle est prononcée, chacune des cautions se trouve libérée pour toute la partie de la dette afférente aux autres cautions, et le créancier ne pouvant plus demander à chacune que sa part contributive, se trouve forcément avoir à sa charge les insolvabilités qui peuvent survenir postérieurement à la division. Quant aux insolvabilités survenues avant la division, le créancier n'a pas à les supporter, car jusque-là, chacune des cautions étant en principe tenue de la totalité de la dette, supporte les insolvabilités qui ont frappé les autres cautions avant la division ; aussi avons-nous vu que la division ne pouvait être opérée qu'entre les cautions solvables au moment de la division. Mais il n'en sera ainsi que lorsque la division aura été faite sur l'exception opposée par la caution aux poursuites du créancier ; or il peut se présenter un cas tout différent, celui où le créancier divise lui-même et volontairement son action.

En principe, chacune des cautions est tenue envers le créancier de la totalité de la dette ; mais, et ceci n'a pas besoin d'être démontré, le créancier peut renoncer à cette disposition toute en sa faveur, et ne demander à chaque caution que sa part afférente dans la dette commune. Cette renonciation peut être expresse ou tacite, et pour cette dernière, elle résultera de tout acte dans lequel apparaîtra manifestement

l'intention du créancier de ne demander à chaque
caution que sa part; l'art. 2027 nous donne du reste
un exemple de renonciation tacite, c'est le cas dont
nous avons à nous occuper, cas dans lequel le créancier a divisé volontairement son action.

Y a-t-il division volontaire par cela seul que le
créancier a poursuivi une des cautions pour sa part,
ou faut-il de plus que cette caution ait acquiescé à la
demande, ou qu'il soit intervenu contre elle un jugement de condamnation? L'art. 1211 nous dit, à pro-
pos du débiteur solidaire, que le créancier qui poursuit un des débiteurs solidaires pour sa part, n'est
censé lui faire remise de la solidarité, que si ce débiteur acquiesce à la demande, ou s'il est intervenu un
jugement de condamnation ; jusque-là, le créancier
peut revenir sur ses pas, modifier ses conclusions, et
demander la totalité à ce débiteur solidaire. De son
côté, l'art. 2027 parlant de la division volontaire
entre les cautions, déclare la division parfaite par le
fait seul de la demande, sans qu'il y ait besoin d'ac-
quiescement ou de jugement ; dès que la demande est
intentée, le créancier est lié, et ne peut plus, en modifiant ses conclusions, venir demander la totalité à la
caution. Y a-t-il donc contradiction entre l'art. 1211
et l'art. 2027? Non, car les cautions, bien que tenues
en principe de la totalité de la dette, ne sont pas des
codébiteurs solidaires ; l'art. 1211 est propre aux débiteurs solidaires, tandis que l'art. 2027 s'applique
aux cautions traitées plus favorablement, parce qu'il
n'y a pas entre elles de solidarité ; les deux cas, parfaitement distincts, sont traités différemment, sans

qu'on puisse impliquer de là une contradiction entre les deux articles. Toutes les fois qu'il s'agira de caution, nous appliquerons l'art. 2027, tandis qu'il faudra appliquer l'art. 1211 lorsqu'on se trouvera en présence de codébiteurs solidaires. Il résulte de là, que lorsque des cautions se sont engagées solidairement entre elles, c'est l'art. 1211 qui devra être appliqué; dans ce cas les cautions conservent bien leur qualité de cautions avec les avantages qui y sont attachés, mais elles perdent ceux de ces avantages qui sont contraires à l'engagement solidaire; or la stipulation de solidarité, de la part des cautions, les fait rentrer sous l'empire de l'art. 1211, et il faut décider, d'après cela, que la demande formée contre l'une des cautions solidaires, pour sa part, n'emportera remise de la solidarité et division de l'action, qu'autant qu'elle aura acquiescé à la demande, ou qu'il sera intervenu un jugement de condamnation.

La division volontaire que fait le créancier est-elle parfaite par cela seul qu'il a actionné l'une des cautions pour sa part, ou faut-il qu'il demande sa part à chacune des cautions? Je crois pour moi, que pour une division parfaite, opposable au créancier, il faut qu'il ait actionné toutes les cautions, et que, s'il n'en a actionné qu'une pour sa part, il conserve son action contre les autres pour tout le montant de la créance, diminuée de la part afférente à la caution qu'il a actionnée. Cela me paraît résulter d'abord, par analogie, de l'art. 1210 qui le décide ainsi, en disposant que lorsque le créancier a consenti à la division de la dette à l'égard de l'un des codébiteurs solidaires, il conserve cependant son action solidaire contre les autres, sous la déduction, toutefois, de la part du débiteur qu'il a déchargé de la solidarité; le cas est le même, il y a la même raison de décider. Mais cette décision me paralt surtout résulter de l'art. 2027, qui suppose d'une manière générale que le créancier a divisé son action; or cela ne peut s'entendre que de la demande formée contre toutes les cautions, ou au moins contre toutes moins une : il me paralt impossible, en effet, de voir une division volontaire, dans le fait d'actionner une seule des cautions.

Quels sont les effets de la division volontaire que fait le créancier? Pour les effets postérieurs à la division, ils sont les mêmes que dans le cas de division forcée; par conséquent, aussitôt la division faite, chacune des cautions est libérée de la dette pour la part des autres cautions, le créancier ne peut plus lui demander que sa part contributive, et doit supporter les insolvabilités qui peuvent survenir postérieurement à la division. Dans le cas de division forcée, nous avons vu que le créancier n'avait pas à supporter les insolvabilités antérieures à la division ; il en sera autrement dans le cas de division volontaire, et l'art. 2027 les met à la charge du créancier, sans qu'il puisse revenir contre la division qu'il a faite. La loi romaine donnait la même solution, qui n'était du reste qu'une conséquence forcée du système de procédure en vigueur à Rome; en effet, lorsque le créancier divisait lui-même son action, et poursuivait spontanément pour leur part les différents fidéjusseurs, chacun d'eux, par l'effet de la *litis contestatio*, se trouvait libéré pour toute la partie de la dette non comprise dans l'action intentée contre lui ; si donc le créancier trouvait, parmi les fidéjusseurs, un ou plusieurs insolvables, il était obligé de supporter cette insolvabilité, même lorsqu'elle était antérieure à sa demande, parce que les autres fidéjusseurs n'étaient plus tenus envers lui, et que par conséquent il ne pouvait les actionner à l'effet de se faire payer par eux la part des fidéjusseurs insolvables. Les rédacteurs du Code ont probablement écrit la règle de l'art. 2027 sous l'influence de la loi romaine ; mais cette règle, que les principes du droit rendaient nécessaire en droit romain, n'a plus aujourd'hui aucune raison d'être, et est même contraire à toute idée de justice, en faisant parfois perdre au créancier une partie de sa créance, pour le récompenser d'un bon procédé envers les cautions.

La division volontaire est fort avantageuse pour les cautions, elle épargne les frais, souvent considérables, de procédure, et elle s'opère même au profit de la caution qui a renoncé au bénéfice de division ; mais on aurait dû lui appliquer toutes les règles relatives à la division forcée. En mettant au compte du créancier le préjudice qui peut résulter de l'incapacité d'une des cautions, en mettant à sa charge toutes les insolvabilités antérieures à la division, on a créé une règle peu rationnelle et mauvaise en pratique. On a voulu protéger les cautions, et en fait on a aggravé leur position, car en présence d'une législation semblable, jamais un créancier ne voudra diviser volontairement son action.

CHAPITRE III.

DU BÉNÉFICE DE SUBROGATION.

Une caution est poursuivie par le créancier et le paye, elle a un recours contre le débiteur pour tout ce qu'elle a payé à son acquit en capital, intérêts et frais, et elle peut même lui demander des dommages-intérêts ; ce recours, établi par l'art. 2028, s'exerce au moyen de l'action du mandat ou de gestion d'affaires, selon que le cautionnement a été donné au su, ou à l'insu du créancier. Mais cette action personnelle, tout avantageuse qu'elle soit pour la caution, se trouve dépourvue de toutes les sûretés et garanties que le créancier a pu exiger pour sa créance, et sera insuffisante dans le cas où le débiteur se trouvera insolvable ; la caution se trouverait dans une situation bien meilleure si, au cas d'insolvabilité du débiteur, elle pouvait agir, non par son action personnelle, mais par l'action du créancier.

Les jurisconsultes romains le comprirent, et accordèrent aux cautions ce qu'on appela le bénéfice *cedendarum actionum*, par lequel le fidéjusseur, en payant, pouvait exiger du créancier la cession de ses actions contre le débiteur principal et contre les débiteurs accessoires, avec les différentes sûretés et garanties qui y étaient jointes. Mais par l'effet du payement, l'obligation se trouvait éteinte, comment alors le créancier pouvait-il céder des actions qui n'existaient plus? Les jurisconsultes romains étaient arrivés à ce résultat par un moyen fort en usage alors, une fiction juridique; le fidéjusseur était censé, en payant la dette, avoir, non effectué un payement, mais acheté au créancier ses droits et actions. Cette cession n'avait pas lieu de plein droit par l'effet du payement effectué par le fidéjusseur, lequel devait la demander auparavant; autrement il payait, non comme acheteur de créance, mais comme caution, et alors la cession n'était plus possible, car le payement avait pour effet d'éteindre l'obligation, et avec elle les actions qui y étaient attachées.

Le bénéfice de cession d'action passa du droit romain dans notre ancienne jurisprudence, où il fut généralement usité sous le nom de bénéfice de subrogation; mais on ne l'admit qu'avec le principe du droit romain, c'est-à-dire que la transmission des droits et actions du créancier n'avait pas lieu de plein droit, et que la cession devait être demandée par la caution avant le payement. Dumoulin, dans sa première leçon faite à Dôle en 1555, vient soutenir une opinion contraire, et prétendit que la caution, comme aussi tous ceux qui payent une dette dont ils sont tenus avec d'autres et pour d'autres, devait être, en payant, subrogée de plein droit quoiqu'elle n'ait pas requis la subrogation, parce qu'elle doit être présumée n'avoir payé qu'à la charge de cette subrogation; personne ne peut être présumé négliger son droit et y

renoncer, et on ne peut voir une semblable renonciation, de la part de la caution, dans un payement
qu'elle n'est pas libre de refuser. Cette théorie, fort
rationnelle en soi, fut bien adoptée par quelques auteurs, et consacrée par quelques arrêts dans les pays
de droit écrit ; mais Dumoulin eut le tort d'appuyer sa
doctrine sur des lois romaines, qu'il détournait de
leur véritable sens, et qui en réalité décidaient le
contraire : aussi cette doctrine ne prévalut pas alors.
Pothier nous apprend, en effet, qu'on continua d'en-
seigner dans les écoles, et de pratiquer au barreau
qu'un débiteur solidaire, de même que les cautions,
et en général tous ceux qui payaient ce qu'ils devaient
avec d'autres et pour d'autres, n'étaient subrogés aux
actions du créancier que lorsqu'ils avaient requis la
subrogation. Et c'est avec raison, disait Renusson,
d'accord en cela avec Pothier et Rousseau de La-
combe, car on ne peut acquérir les droits d'autrui ,
sans avoir l'intention de les acquérir : n'acquiert qui
ne veut. Comment les droits et actions du créancier
passeraient-ils en la personne du fidéjusseur, si le fidéjusseur n'a pas eu la volonté de les acquérir, et s'il n'a
pas requis et stipulé la subrogation ? Cette doctrine de
Pothier resta du reste en faveur jusqu'à la promulgation du Code Napoléon ; nous trouvons en effet un arrêt
de la Cour de cassation du 1ᵉʳ septembre 1808, lequel,
dans une espèce régie par la législation antérieure au
Code Napoléon, déclare que sous cette législation,
aucune disposition formelle de la loi n'avait accordé à
la caution qui paye pour l'obligé principal la subrogation *ipso jure* ; qu'il n'existait sur ce point de droit,

ni la série de dispositions conformes, ni l'unanimité des opinions des jurisconsultes, qui pourraient constituer une jurisprudence constante (1).

Les rédacteurs du Code civil se trouvèrent placés entre ces deux systèmes, celui du droit romain suivi dans l'ancienne jurisprudence française, et celui de Dumoulin, contraire au droit romain, mais parfaitement conforme à la logique et à l'équité. Pour eux, qui faisaient une législation nouvelle, ils n'avaient pas à s'inquiéter des lois romaines et de leur interprétation, comme l'avaient fait les anciens auteurs ; aussi adoptèrent-ils et le raisonnement et le système de Dumoulin, en disposant par l'art. 2029, que par la seule force de la loi, et indépendamment de toute cession, la caution est subrogée à tous les droits du créancier. Remarquons du reste, que cet art. 2029 n'est qu'une application du principe général posé par l'art. 1251, d'après lequel la subrogation a lieu de plein droit au profit de celui qui paye une dette dont il est tenu avec d'autres ou pour d'autres.

Ainsi dès que le payement est effectué, la caution se trouve subrogée à tous les droits et actions du créancier contre le débiteur principal et contre les débiteurs accessoires, sans préjudice de l'action de mandat ou de gestion d'affaires qui lui est personnelle. Cette action personnelle sera en général plus avantageuse à la caution que l'action du créancier qu'il acquiert par subrogation, car il pourra réclamer du débiteur, non-seulement le capital et les intérêts qu'elle a payés à son acquit, mais encore les frais, et

(1) Req. 1er sept. 1808. (Dalloz, R. alph., 2, 408).

même des dommages et intérêts s'il y a lieu, tandis que par l'action du créancier, la caution ne pourra réclamer du débiteur que ce que le créancier aurait pu demander lui-même. Mais si le débiteur est insolvable, et que le créancier ait exigé des sûretés, il sera fort avantageux à la caution de pouvoir agir par l'action du créancier, car celle qui lui est personnelle serait inefficace. La subrogation, en cas d'insolvabilité du débiteur, sera surtout utile à la caution qui se trouvera dans l'impossibilité, ou aura négligé d'opposer les exceptions de division et de discussion ; elle sera obligée de payer toute la dette, mais aura son recours assuré ; et même avec les bénéfices de discussion et de division, le bénéfice de subrogation sera encore fort avantageux, et permettra à la caution de recourir sûrement pour la partie de la dette qu'elle aura été obligée de payer. A Rome le bénéfice *cedendarum actionum* présentait de plus un avantage important, en permettant au fidéjusseur qui avait payé de recourir contre ses cofidéjusseurs, recours qu'il n'aurait pas eu sans cela ; mais ce bénéfice a perdu cette utilité sous l'empire de notre législation actuelle, d'après laquelle la caution qui a payé la totalité de la dette a, contrairement à ce qui existait en droit romain, un recours personnel contre les autres cautions.

Avant d'entrer dans le détail de notre matière, il nous faut examiner quel est l'effet principal de la subrogation, question fortement controversée et d'une grande importance au point de vue des principes du droit et aussi au point de vue des résultats qui en découlent. Autrement dit, la subrogation transfère-t-elle au subrogé la créance primitive elle-même avec tous ses accessoires, ou ne fait-elle que rattacher à la créance personnelle du subrogé certaines garanties de la créance primitive ? Quelques auteurs, parmi lesquels Merlin, Marcadé et Bugnet, ont enseigné que la subrogation n'était que l'attribution conventionnelle ou légale des accessoires, priviléges, hypothèques et cautionnements de l'ancienne créance éteinte par le payement fait avec l'argent d'un tiers, à une nouvelle créance née du payement, ou du contrat de prêt qui a procuré au débiteur les fonds avec lesquels il s'est libéré. Ainsi, d'après ces auteurs, l'ancienne créance est radicalement éteinte, et la seule action dont puisse user la caution, c'est l'action qui lui appartient de son chef, l'action de mandat ou de gestion d'affaires ; quant à la subrogation, elle a pour effet, non de faire survivre la créance primitive, mais simplement de rattacher à la créance personnelle de la caution les garanties attachées à l'ancienne créance. Et comme la survivance des garanties accessoires de l'ancienne créance est quelque chose d'exorbitant du droit commun, on ne pourra rattacher à l'action personnelle de la caution que les garanties énoncées spécialement par la loi, c'est-à-dire les priviléges, hypothèques et cautionnements ; les autres, que la loi a passées sous silence, comme le titre exécutoire, la compétence du tribunal, s'évanouiront avec la créance primitive à laquelle elles sont attachées.

Je n'entrerai pas dans l'examen de cette théorie, ce qui m'éloignerait de mon sujet ; je dirai seulement que ce système doit être rejeté comme contraire à l'origine et à l'histoire de la subrogation, contraire aux textes du Code civil qui parlent de la subrogation, comme les articles 874, 1250 et 2029, contraire au but que la loi s'est proposé en établissant la subrogation. Pour moi, la subrogation est ce qu'était la cession d'actions à Rome et dans notre ancien droit, une cession fictive par suite de laquelle une créance éteinte au moyen d'un payement effectué avec l'argent d'un tiers, est regardée comme continuant d'exister au profit de ce dernier, qui peut l'exercer à l'effet de recouvrer par elle ce que lui a coûté la libération du débiteur. Ainsi, ce qu'acquiert la caution au moyen de la subrogation, c'est l'action même du créancier, avec toutes les sûretés et prérogatives qui peuvent y être attachées.

Revenons au bénéfice de subrogation. Nous avons, sur ce sujet, à étudier les effets de la subrogation dans les rapports de la caution avec le créancier, avec le débiteur principal, avec les autres cautions, et avec le tiers détenteur de l'immeuble hypothéqué à la dette.

La subrogation est fondée, d'une part, sur l'intérêt que celui qui paye avait à payer, d'autre part sur le défaut d'intérêt du créancier à refuser cette subrogation et sur le défaut d'intérêt, tant du débiteur que des autres créanciers, à critiquer cette subrogation, attendu que leur situation respective reste la même. La subrogation a lieu par l'effet du payement en faveur de toute caution, en quelque cas que ce soit; qu'il y ait ou non mandat intervenu entre le débiteur et la caution, que le cautionnement ait été donné du consentement ou contre la volonté du débiteur, il n'importe. L'art. 2029, en effet, ne distingue pas et dispose d'une manière générale que dès qu'une personne ayant qualité de caution a payé la dette, elle est subrogée ; remarquons, du reste, que même en l'absence de l'art. 2029, l'article 1251 dont l'art. 2029 n'est qu'une application, suffirait pour assurer la subrogation à la caution qui paye le créancier. Mais s'il n'est pas nécessaire pour la subrogation qu'il y ait mandat du débiteur, il faut au moins que la caution ait contracté un engagement envers le créancier, car autrement il n'y aurait pas de caution, partant pas de subrogation. Une espèce de ce genre s'est produite devant la Cour de Paris en 1841 : Une personne s'était engagée, par une sorte de police d'assurance passée avec le débiteur seul, à payer pour le compte de ce dernier des intérêts à divers créanciers; cette assureur paya, et vint ensuite prétendre que, comme caution, il avait droit à la subrogation. La Cour de Paris décida avec raison que cet assureur n'ayant pris aucun engagement envers les créanciers, ne pouvait être considéré comme caution vis-à-vis d'eux, et qu'en conséquence, il ne pouvait être subrogé légalement au droit de ceux-ci pour les sommes qu'il leur avait payées, à l'effet de se faire rembourser de ces sommes dans l'ordre ouvert sur le débiteur, au préjudice de ce qui restait encore dû aux créanciers (1).

La caution subrogée exerce tous les droits du créancier, elle ne peut pas demander plus que celui-ci, mais elle peut, comme lui, demander au débiteur le

____

(1) Paris, 27 nov. 1841 (Dalloz, 42, 2, 73).

payement de la totalité de la dette. Il faut toutefois apporter à cette règle un tempérament qui repose sur la nature de la subrogation. La subrogation n'est pas une spéculation, mais un bon office rendu au débiteur ; le subrogé n'a droit qu'à une chose, c'est de rentrer dans ses déboursés, et dès qu'il est remboursé, la fiction sur laquelle repose la subrogation perd sa raison d'être. La caution subrogée peut donc exercer tous les droits du créancier, mais seulement dans la limite de ses impenses ; elle réclamera la dette entière du débiteur, si elle a tout payé au créancier, mais elle ne pourra lui demander que ce qu'elle a payé, si elle n'en a payé qu'une partie.

Ceci dit, nous allons examiner quel sera l'effet de la remise de la dette faite à la caution ; dans ce cas la caution subrogée aura-t-elle un recours contre le débiteur ? Tout d'abord, si le créancier n'a fait à la caution que la remise de son cautionnement, c'est-à-dire si en la libérant, il n'a pas entendu libérer le débiteur principal dont l'obligation subsiste, il est évident que la caution n'aura aucun recours contre le débiteur ; la dette principale continue d'exister, mais a cessé d'être cautionnée. Mais que faut-il décider si, au lieu de faire seulement la remise du cautionnement, le créancier fait à la caution la remise de la dette elle-même, de manière à libérer le débiteur principal ; la caution pourra-t-elle alors se prévaloir de la subrogation et recourir contre le débiteur ? Je distinguerai. Si la remise a eu lieu à titre onéreux, c'est-à-dire si le créancier a fait remise de la dette moyennant une certaine somme, la caution subrogée a évidemment

un recours contre le débiteur, mais seulement dans la
limite de ce qu'elle a payé, par application des principes que nous avons émis plus haut. Mais si la remise
a eu lieu à titre purement gratuit, j'adopterai la doctrine de Pothier, et refuserai tout recours à la caution ;
celle-ci, en effet, ne peut recourir que dans la limite
de ce qu'elle a payé ; or, dans ce cas, elle n'a rien payé,
donc elle n'a pas de recours.

Le système contraire a été soutenu, et on a prétendu
que lorsque le créancier faisait remise à la caution,
par pure libéralité, de tout ou partie de la dette, cette
remise totale ou partielle équivalait à un payement, et
que la caution pouvait recourir pour la totalité de la
dette contre le débiteur. Ce système, je le repousse
formellement comme contraire aux principes reçus
en matière de subrogation, et aussi comme contraire
à l'art. 2020 qui suppose un payement effectué, ce qui
n'a pas lieu lorsqu'on se trouve dans le cas d'une remise de la dette.

On insiste cependant ; si en effet, dit-on, on trouvait là un cas de remise véritable faite par pure libéralité, la caution subrogée qui n'a rien payé n'aurait
aucun recours ; mais en analysant avec soin l'opération qui a eu lieu, on reconnaît qu'il y a eu en réalité
un payement effectué par la caution. Les choses se
sont passées comme si la caution avait payé la dette
et que le créancier eût rendu les fonds payés en en
faisant donation à la caution, ou bien encore comme
si le créancier avait donné à la caution une somme
égale au montant de la dette, et que la caution eût
employé cette somme à désintéresser le créancier.

Il est certain que si les choses se passaient ainsi, il y aurait réellement payement effectué avec les fonds de la caution, laquelle aurait alors son recours contre le débiteur. Mais c'est là un cas tout particulier, une donation suivie d'un payement, ou un payement suivi d'une donation, et non une remise de la dette ; nous trouvons là une double opération qui peut être faite, soit de suite, soit après un certain laps de temps, mais qui n'est pas la remise de la dette telle qu'elle a été organisée par le Code, et qui consiste simplement dans l'abandon de la créance par le créancier.

Certains auteurs ont prétendu, de plus, que la remise gratuite de la dette faite à la caution, et en général à un de plusieurs co-obligés, était en déflnitif un don de la créance, et que celui à qui elle était faite se trouvait avoir contre ses co-débiteurs les droits que le créancier donateur avait lui-même. Je réponds qu'il y a là une erreur profonde, et qu'il est impossible en droit, de confondre une donation de la créance avec une remise de la dette. Sans doute le créancier peut faire don de la créance à la caution, mais la créance donnée, transmise à la caution donataire, continue de subsister, et il n'y a nullement extinction de l'obligation par remise de la dette ; c'est un transport-cession, non une remise, et l'action de la caution, dans ce cas, sera, non un recours contre le débiteur, mais l'exercice pur et simple de la créance qui continue d'exister. Et puisqu'il y a donation de créance, l'effet ne pourra en être produit qui si l'on a observé les formes spéciales aux dispositions à titre gratuit. Toutes les fois qu'il y a remise de la dette, il est impossible d'y voir, soit une double opération de payement et donation, soit une donation de créance ; il y a dans cet acte un simple abandon de la créance par le créancier, et je le répète, la caution n'ayant rien déboursé ne peut rien réclamer du débiteur.

Nous appliquerons le même principe au cas où le créancier a accordé à la caution un avantage particulier, et nous déciderons que la caution ne peut recourir contre le débiteur que dans la limite établie par cet avantage particulier qu'elle a obtenu. Si par exemple le créancier a reçu, par anticipation, de la caution, le remboursement d'une rente dont les arrérages étaient fort élevés, le débiteur devra être écouté s'il demande de payer immédiatement le capital de cette rente. En effet, la caution subrogée ne spécule pas, et le débiteur n'est tenu que de lui rembourser ses impenses, et de la rendre indemne ; or ce but sera complétement atteint en lui remboursant ce qu'elle a payé, c'est-à-dire le capital de la rente.

La caution qui a payé est subrogée à tous les droits du créancier, elle peut donc se prévaloir des priviléges, hypothèques et autres garanties de la créance primitive, et il n'y a pas lieu de distinguer entre les sûretés déjà acquises au moment de l'intervention de la caution, et celles qui n'ont été acquises que postérieurement. Dumoulin, il est vrai, distinguait, et refusait la subrogation à la caution pour les droits acquis postérieurement au cautionnement. Mais ceci n'est plus admissible sous l'empire du Code, les termes de l'art. 2029 repoussant formellement cette distinction ; et c'est avec raison, car si d'un côté on peut dire que la caution ne doit pas se prévaloir de garanties qui n'existaient pas au moment où elle est intervenue, et sur lesquelles par conséquent elle ne pouvait compter, d'un autre côté on peut répondre que la subrogation à ces garanties ne nuit à personne, et apporte à la caution une protection plus efficace.

Nous avons dit que la caution qui payait était subrogée à tous les droits du créancier contre le débiteur ; cela n'est vrai qu'avec le tempérament de l'ancienne règle *nemo contra se subrogare videtur*, règle que l'art. 1252 a reproduite en disant que la subrogation ne peut nuire au créancier lorsqu'il n'a été payé qu'en partie, et que, dans ce cas, il peut exercer ses droits pour ce qui lui reste dû, par préférence à celui dont il n'a reçu qu'un payement partiel. Toutes les fois que le créancier aura reçu un payement intégral, ou lorsqu'il aura reçu un payement partiel en faisant remise du reste, et en donnant une quittance intégrale à la caution, il y aura lieu à l'application de l'art. 2029, et la caution sera subrogée à tous les droits du créancier. Mais lorsque le créancier n'aura reçu qu'une partie de ce qui lui est dû, il exercera ses droits pour le surplus, par préférence à la caution, laquelle ne pourra profiter des garanties attachées à la créance que sur ce qui restera après l'entier désintéressement du créancier, et cela sans qu'il y ait lieu de distinguer si la caution s'est engagée pour la totalité de la dette, ou si elle n'en a cautionné qu'une partie. Ce droit de préférence pour le créancier, qui résulte de l'art. 1252, est conforme aux principes, car on ne peut supposer que le créancier, en subrogeant la caution à ses droits, ait voulu se nuire à lui-même; mais il est exorbitant par lui-même, aussi doit-on le restreindre dans les limites les plus étroites. Il faut donc décider que ce droit de préférence ne peut s'appliquer qu'à ce qui est encore dû de la même créance acquittée en partie, et que le créancier ne pourrait le réclamer pour d'autres créances contre le même débiteur, résultant d'autres titres, et conférant d'autres hypothèques. C'est ce qui résulte très-clairement de l'art. 1252 qui dispose exclusivement pour le cas d'un payement partiel, et c'est ainsi que l'a très-justement décidé la Cour de cassation (1).

Supposons maintenant une distribution de deniers faite sur le débiteur; le créancier n'a reçu de la caution qu'un payement partiel, mais son titre ne lui donne aucun droit de préférence sur la somme distribuée, pourra-t-il empêcher la caution de prendre part à la distribution? Cette question, selon moi, doit se résoudre par une distinction. La caution engagée pour la totalité de la dette n'en a payé au créancier qu'une partie, et par suite reste obligée vis-à-vis de lui pour le reste. Dans cette hypothèse, la caution ne pourra pas prendre part à la distribution de deniers, car non-seulement par ce fait elle nuirait au créancier envers lequel elle est toujours obligée, mais de plus

(1) Req. 27 nov. 1872.

l'attribution qui lui serait faite dans la distribution
aurait pour effet de reprendre au créancier, d'une
manière indirecte, en tout ou en partie, la somme
qui lui a déjà été payée. Il est vrai que la caution
n'agirait dans ce cas que par l'action de recours qui
lui est personnelle, et par l'action née de la subrogation, mais elle ne peut être admise, même au moyen
de son recours personnel, à la contribution ouverte
sur le débiteur, et à y prendre, dans une mesure
quelconque, la part afférente au créancier vis-à-vis
duquel elle n'est pas complétement libérée. Supposons maintenant la caution engagée pour partie seulement, et ayant satisfait à son obligation, le créancier
ne peut dans ce cas l'empêcher de prendre part à la
distribution à laquelle elle viendra, non comme
subrogée aux droits du créancier, mais comme
créancière directe du débiteur. En effet, si la subrogation ne doit pas nuire au créancier, elle ne doit pas
non plus rendre plus mauvaise la situation de la caution;
celle-ci ne pourra pas invoquer la subrogation, mais
elle ne doit pas être empêchée d'utiliser comme caution l'action personnelle et directe de mandat ou de
gestion d'affaires que l'art. 2028 lui accorde contre
le débiteur pour lequel elle a payé, et en vertu de
laquelle elle pourra venir prendre part à la distribution. C'est ainsi du reste que l'a jugé en 1860 la
Cour de Lyon, contre l'arrêt de laquelle on s'est vai-
nement pourvu en cassation (1).

La caution qui a payé est subrogée, avons nous dit,

(1) Req. 1er août 1860 (Dalloz, 60, 1, 502).

à tous les droits du créancier contre le débiteur ; mais aura-t-elle, comme lui, le droit d'invoquer le bénéfice de l'action résolutoire en cas d'inexécution des obligations de la part du débiteur ? Il semble au premier abord qu'elle le pourra, car l'art. 2020 ne fait aucune distinction, et accorde d'une manière générale au subrogé tous les droits des créanciers ; cependant je distinguerai. Le créancier n'a pas été complétement désintéressé par le payement qu'il a reçu de la caution ; il s'agit par exemple du cautionnement d'un prix de bail, et la caution a payé pour le preneur. Dans ce cas la caution, à moins que le créancier n'y consente, n'acquiert pas le droit de provoquer la résolution du bail ; ce droit appartient au bailleu   ii peut avoir intérêt au maintien du contrat, et la caution ne peut être admise à l'exercer à son préjudice, sans sa permission. Il en sera autrement si le créancier a été complétement désintéressé par le payement effectué, par exemple s'il s'agit d'un prix de vente payé par la caution. Dans ce cas le vendeur n'a plus d'intérêt au maintien du contrat, l'art. 2020 reprend donc tout son empire, et la caution pourra, en vertu de ce article, demander la résolution de la vente, tout comme le créancier aurait pu le faire lui-même.

La caution subrogée aux droits du créancier peut réclamer du débiteur, dans les limites de ses déboursés, tout ce que le créancier aurait pu demander lui-même, mais elle ne peut rien demander de plus ; elle ne pourra donc lui demander que le capital de la dette, et les intérêts si cette dette était productive d'intérêts. Quant aux intérêts dus depuis le payement, frais de poursuites, et dommages-intérêts, la caution ne pourra pas les demander par l'action résultant de la subrogation, mais seulement par l'action de mandat ou de gestion d'affaires qui lui est personnelle. C'est là un avantage de l'action personnelle de la caution sur l'action résultant de la subrogation, laquelle d'un autre côté est plus avantageuse que l'action personnelle de recours, puisqu'elle donne à la caution le droit de se prévaloir de toutes les sûretés qui garantissaient le payement de la dette. Chacune de ces actions offre ses avantages et ses inconvénients, ce sera à la caution de choisir celle qui lui paraîtra la plus avantageuse, d'après le plus ou moins de solvabilité du débiteur.

Jusqu'ici, nous avons toujours supposé un seul débiteur ; au lieu de cela, il peut y en avoir plusieurs qui peuvent être, soit solidaires, soit conjoints. Si les débiteurs sont simplement conjoints, la caution qui les a cautionnés tous ne pourra, après avoir payé le créancier, leur demander à chacun que sa part et portion. Les débiteurs conjoints, en effet, ne sont tenus chacun que pour sa part, et le créancier ne peut demander que cette part à chacun des débiteurs; la caution subrogée ne peut acquérir que le droit du créancier tel qu'il aurait pu l'exercer lui-même, elle ne pourra donc recourir contre chacun des débiteurs que pour la part dont il est tenu dans la dette. Que si la caution n'est intervenue que pour un seul des débiteurs conjoints, point n'est besoin de dire qu'elle n'aura de recours que contre lui, car les autres sont comme autant de débiteurs différents.

Occupons-nous maintenant du cas où les débiteurs principaux se sont engagés solidairement, cas prévu par l'art. 2030, et demandons-nous contre qui, et dans quelle mesure s'exercera le recours de la caution qui a payé. Pour répondre à cette question: il faut distinguer entre le cas où la caution est intervenue en faveur de tous les débiteurs solidaires, et le cas où elle n'en a cautionné qu'un seul.

La caution est intervenue pour tous les débiteurs solidaires; l'art. 2030, qui prévoit cette espèce, décide que dans ce cas, la caution qui a payé peut recourir pour le tout contre chacun des débiteurs. Cette disposition, comme l'a dit le tribun Lahary au Corps législatif (1), n'aggrave en rien la position des débiteurs, et a pour fondement la justice due à la caution; le créancier aurait pu demander le tout à chacun des débiteurs, la caution qui lui est subrogée doit jouir du même droit. Remarquons, du reste, qu'indépendamment de la subrogation, et au point de vue de l'action personnelle de la caution, le résultat serait le même. L'art. 2002, en effet, porte que lorsqu'un mandat a été donné par plusieurs personnes pour une affaire commune, chacune d'elles est tenue solidairement, envers le mandataire, de tous les effets du mandat; or les codébiteurs solidaires dont la dette a été cautionnée étant en définitif, au moins dans la plupart des cas, des mandants, il en résulte que la caution, même agissant par l'action de recours qui lui est personnelle, pourrait demander à chacun

(1) Fenet, t. XV, p. 80.

des débiteurs solidaires le total de ce qu'elle a payé au créancier.

Supposons maintenant, comme dans l'espèce précédente, plusieurs codébiteurs solidaires, mais la caution n'est intervenue que pour un seul. Et d'abord il est évident que si elle paye le créancier, elle pourra réclamer au débiteur qu'elle a cautionné le remboursement du total de la dette ; mais quel est son droit vis-à-vis des autres codébiteurs pour lesquels elle ne s'est pas engagée ? Si nous n'avions sur cette question que l'art. 2020, nous n'hésiterions pas, et nous admettrions avec certains auteurs que la caution, même dans ce cas, peut demander à chacun des codébiteurs le total de ce qu'elle a payé ; en effet, le créancier aurait pu demander le total de la dette à chacun des débiteurs solidaires, et la caution étant, d'après l'article 2020, subrogée à tous les droits du créancier, peut répéter de chacun des codébiteurs le montant de ce qu'elle a payé. Mais cette théorie n'est plus possible en présence des termes de l'art. 2030. Cet article dispose que lorsqu'il y a plusieurs débiteurs solidaires, la caution qui les a tous cautionnés, a contre chacun d'eux le recours pour la répétition du total de ce qu'elle a payé, d'où il résulte, par *a contrario*, qu'elle n'a pas de recours, au moyen de la subrogation, contre ceux qu'elle n'a pas cautionnés. Est-ce à dire que la caution ne pourra pas recourir contre les débiteurs solidaires qu'elle n'a pas cautionnés ? Je n'irai pas jusque-là ; l'art. 2030 ne lui accorde pas la subrogation de son chef, mais rien n'empêche de lui accorder la subrogation du chef du débiteur solidaire qu'elle a cautionné. Si le débiteur solidaire cautionné avait payé, il aurait été subrogé aux droits du créancier ; or le payement fait par la caution, au lieu et place du débiteur, peut parfaitement être considéré comme ayant été fait par le débiteur lui même, et la caution, qui ne peut être subrogée de son chef, le sera du chef du débiteur cautionné au lieu et place duquel elle exercera son recours. Mais, remarquons-le bien, agissant du chef du débiteur solidaire qu'elle a cautionné, la caution ne pourra agir que dans la limite du recours qui compéterait à ce débiteur. Ainsi, elle ne pourra demander aux autres codébiteurs solidaires que leur part et portion dans la dette ; elle ne jouira d'aucun recours contre celui des débiteurs solidaires qui, n'ayant aucun intérêt personnel à la dette, et ne s'étant obligé que dans l'intérêt de ses codébiteurs, eût été affranchi de tout recours de leur part, s'ils avaient eux-mêmes désintéressé le créancier ; enfin la caution agissant du chef du codébiteur cautionné, les autres pourront valablement lui opposer les exceptions dont ils auraient pu se prévaloir contre le débiteur cautionné. Ce système du reste, est parfaitement équitable, et sauvegarde les intérêts de la caution et ceux des codébiteurs solidaires. Ceux-ci, en effet, ne doivent pas voir leur position aggravée par le fait d'un cautionnement qui ne leur profite en rien, et auquel ils sont restés étrangers ; que le créancier soit payé par la caution, ou qu'il le soit par un des codébiteurs solidaires, la situation des autres doit demeurer la même. Disons sur ce point, en finissant, que si la caution, non contente de la subrogation légale dont elle jouit du chef du codébiteur solidaire, obtient la subrogation conventionnelle aux droits du créancier, cela ne lui donnera pas des droits plus étendus que ceux que nous venons d'indiquer. La loi, d'après notre système, fait à la caution dans l'espèce une position qu'elle ne peut avoir le droit de modifier, en se faisant subroger conventionnellement aux droits du créancier.

Après avoir étudié les effets de la subrogation à l'égard du débiteur, nous avons à nous occuper maintenant des rapports de la caution avec les autres cautions. Dans le droit romain, comme nous l'avons vu dans la première partie de notre étude, les cautions, à l'exception des *sponsores* et des *fidepromissores*, régis par la loi Apuleia, n'avaient aucun recours contre les autres cautions, à moins qu'elles n'eussent eu le soin, avant le payement, de se faire céder les droits et actions du créancier. Il n'existait en effet, aucun lien entre les divers fidéjusseurs d'une obligation, et chacun d'eux, lorsqu'il payait, n'avait pour but que de faire sa propre affaire en exécutant l'obligation dont il était tenu, et nullement de faire l'affaire des autres fidéjusseurs auxquels il était complétement étranger. Ce principe, comme le remarquait Pothier, était parfaitement vrai, mais les conséquences en étaient trop rigoureuses : aussi, comme nous l'apprennent Pothier et d'Argentré, ne fut-il pas admis dans l'ancien droit français. La jurisprudence permit à la caution qui avait payé la dette, d'en répéter une part de chacune des autres cautions en dehors de toute subrogation, au moyen d'une action *negotiorum gestorum* utile. Cette action ne naissait pas directement du caution-

nement, puisque les diverses cau ions n'avaient contracté entre elles aucun engagement, mais bien du
payement effectué, et de l'équité qui ne permettait
pas que la caution qui avait payé supportât seule le
poids d'une dette, au payement de laquelle les autres
cautions étaient également tenues et dont elles avaient
également profité.

Les rédacteurs du Code admirent un principe qu'ils
trouvèrent écrit dans l'ancien droit ; ils admirent
aussi, comme nous l'avons vu plus haut, le principe
de la subrogation légale enseigné autrefois par Dumoulin, et ils confondirent ces deux principes dans la
rédaction de l'art. 2033. Le recours accordé par cet
article à la caution contre les autres cautions repose
donc, et sur le principe du recours personnel, et sur
le principe de la subrogation légale ; la caution qui a
payé pourra donc recourir contre les autres cautions,
soit par l'action qui lui est personnelle, soit par l'action du créancier qui lui sera plus avantageuse dans
les cas où cette action sera garantie par des sûretés
spéciales consenties par les cautions. Mais dans l'un
comme dans l'autre cas, la caution qui exercera son
recours devra se conformer aux dispositions de
l'art. 2035 ; et même dans le cas où elle se serait fait
subroger conventionnellement aux droits du créancier, elle ne pourra jouir de droits plus étendus
que ceux qui lui sont accordés par cet article, car il
est de principe qu'on ne peut, au moyen de la subrogation conventionnelle, s'attribuer plus de d. its que
la loi n'en a accordés par la subrogation légale.

La caution a un recours contre les autres cautions,

lorsqu'elle a payé, soit la totalité de la dette, soit une part plus considérable que celle qu'elle doit supporter, et par cette part, il faut entendre celle qu'elle aurait eu à supporter, si elle eût invoqué le bénéfice de division. Mais en accordant à la caution qui paye un recours contre les autres cautions, la loi ne devait pas lui permettre de nuire aux intérêts des autres cautions en effectuant un payement prématuré ; aussi l'art. 2033 nous dit que pour jouir du droit de recours contre ses co-cautions, la caution doit avoir payé en temps opportun, c'est-à-dire dans un des cas prévus par l'art. 2032, à savoir :

1° Lorsqu'elle est poursuivie en justice pour le payement ;

2° Lorsque le débiteur est tombé en faillite ou en déconfiture, pourvu toutefois, ajoutons-le, que la dette soit exigible, ou que si elle est à terme, ce terme soit arrivé ;

3° Lorsque le débiteur s'est obligé de rapporter à la caution sa décharge, dans un certain temps ;

4° Lorsque la dette est devenue exigible par l'échéance du terme sous lequel elle avait été contractée ;

5° Au bout de dix ans, lorsque la dette n'a pas de terme fixe d'échéance, à moins que l'obligation principale, telle qu'une tutelle, ne soit pas de nature à pouvoir être éteinte avant un temps déterminé.

Suivant certains auteurs, la caution n'a de recours que lorsqu'elle a payé dans un des 1er, 2° ou 4° cas prévus par l'art. 2032, et elle n'en jouit pas lorsqu'elle a payé dans le 3° ou le 5° cas, car, dit-on, dans ces deux cas, au lieu de payer la dette, elle a agi contre le débiteur, à l'effet de se faire rapporter sa décharge. Je ne puis admettre cette doctrine qui est en contradiction formelle, et avec les termes de l'art. 2033 qui n'établit aucune distinction entre les différents cas de l'art. 2032, et avec les termes du rapport fait au Tribunat sur l'art. 2033 par le tribun Chabot (1). On ne prend pas garde, du reste, qu'en demandant sa décharge au débiteur, la caution ne s'en tient pas là; elle demande sa décharge, mais en outre, elle demande qu'à défaut, le débiteur fournisse des fonds pour acquitter la dette, et si elle n'obtient, ni la décharge ni les fonds, elle devra, comme restant obligée, satisfaire à son obligation vis-à-vis du créancier. Or, c'est là précisément le payement prévu par l'art. 2033, dans lequel prend naissance le recours de la caution qui paye, contre les autres cautions tenues comme elle et avec elle de la dette. Ainsi pour pouvoir recourir contre les autres cautions, la caution doit avoir payé dans un des cas prévus par l'art. 2032, c'est-à-dire en temps opportun, mais il ne faut pas s'exagérer la portée de cette disposition. Si la caution a payé en dehors des cas de l'art. 2032, par exemple avant l'exigibilité de la dette, elle n'aura pas de recours immédiat, mais plus tard à l'époque de l'échéance de la dette, rien n'empêchera la caution, selon moi, d'user du droit que lui confère l'art. 2033.

(1) Fenet, t. XV, p. 58.

Le recours de l'art. 2033 a lieu contre toutes les cautions de la même dette, quelle que soit la date de leurs engagements respectifs, car la loi ne distingue pas ; il importe donc peu que les cautions aient répondu en même temps, avant, ou après celle qui a payé, qu'elles se soient engagées par le même acte ou par des actes successifs : le recours a lieu en tous cas. Mais s'il y a plusieurs codébiteurs solidaires, la caution qui, nous l'avons vu, peut recourir contre les divers codébiteurs solidaires qu'elle n'a pas cautionnés, pourra-t-elle aussi recourir contre les cautions de ces débiteurs ? Directement, elle ne le pourra pas, car ce ne sont pas des co-cautions, et l'art. 2033 ne parle que des personnes qui ont cautionné la même dette et le même débiteur ; mais elle le pourra au nom et du chef du débiteur qu'elle a cautionné, principe que nous avons déjà admis pour le recours de la caution contre les codébiteurs solidaires qu'elle n'a pas cautionnés.

En admettant le principe de subrogation légale dans l'art. 2033, on aurait dû décider que la caution qui a payé, exerçant les droits du créancier, pourrait demander à chacune des autres cautions l'intégralité de ce qu'elle a payé, en déduisant toutefois la portion qu'elle aurait à supporter personnellement. Mais en adoptant cette idée, on serait tombé dans un circuit interminable d'actions, et c'est pour éviter cet inconvénient que l'art. 2033, reproduisant du reste une règle déjà admise pour le cas de solidarité, fait exception aux règles de la subrogation, et dispose que le recours contre les diverses cautions devra être restreint à la part et portion de chacune. Ajoutons que si parmi elles il s'en trouve d'insolvables, leur part devra être supportée par les autres, y compris celle qui exerce le recours.

Jusqu'ici, nous ne nous sommes occupé que du recours de la caution qui a payé contre les autres cautions de la même obligation, seul cas prévu par l'art. 2033 qui ne parle que des cautions. Comment devront se régler les rapports de la caution avec le tiers détenteur d'un immeuble hypothéqué à la dette, lequel se trouve tel, soit parce qu'il a acquis l'immeuble hypothéqué, soit parce que, sans s'obliger personnellement, il a affecté par hypothèque à la garantie de la dette un immeuble lui appartenant, ce qui constitue le cautionnement réel? Dans l'un de ces cas, nous trouvons le tiers détenteur proprement dit, dans l'autre la caution réelle ; ces deux cas sont du reste bien différents, et nous les examinerons séparément.

Supposons une dette garantie par un cautionnement et par une hypothèque, mais le débiteur a vendu à un tiers l'immeuble hypothéqué. Le créancier peut poursuivre, à son choix, la caution ou le tiers détenteur de l'immeuble; la caution, si elle paye, sera-t-elle subrogée contre le tiers détenteur, ou bien le tiers détenteur sera-t-il, après avoir payé, subrogé contre la caution? Je n'hésite pas à décider que, dans cette hypothèse, la caution qui aura payé sera subrogée contre le tiers détenteur, sans que celui-ci puisse jamais être subrogé contre la cau-

tion lorsqu'il aura payé, et cela quand même l'hypothèque n'aurait été établie que postérieurement au
cautionnement. Dans l'ancien droit français, qui admettait les hypothèques occultes, la question pouvait paraître douteuse, car alors le tiers acquéreur
pouvait payer le prix de l'immeuble sans qu'on pût
lui reprocher aucune faute; mais le doute n'est
plus permis sous l'empire du droit actuel qui a
établi le principe de la publicité des hypothèques.
L'acquéreur qui paye simplement le prix de son acquisition commet une faute, car il aurait pu sauvegarder ses intérêts en recourant aux formalités de
la purge; s'il ne l'a pas fait, il doit seul supporter
les conséquences de son imprudence, et il ne peut
les faire supporter par la caution, à laquelle on ne
peut rien reprocher. Celle-ci en effet, reste à la
disposition du débiteur, et n'a aucun moyen de s'opposer à l'aliénation de l'immeuble hypothéqué à la
dette; il ne serait donc pas juste que ses intérêts
fussent lésés par le fait d'une aliénation à laquelle
elle a dû rester étrangère. A ces raisons générales
vient se joindre un motif spécial, dans le cas où la
constitution de l'hypothèque a eu lieu avant ou en
même temps que le cautionnement; dans ce cas,
comme le suppose l'art. 2037, il se peut que la caution ne se soit obligée qu'en vue de cette hypothèque, et on ne doit pas permettre au débiteur de
la priver, en aliénant l'immeuble hypothéqué, des
sûretés sur lesquelles elle a dû compter.

A ceci je joindrai deux arguments tirés des articles
2020 et 2037.

L'art. 2020 nous dit d'une manière générale que la caution qui paye est subrogée à tous les droits du créancier; or le créancier avait évidemment le droit de poursuivre le tiers acquéreur d'un immeuble hypothéqué, donc la caution exerçant tous les droits du créancier pourra, lorsqu'elle aura payé, recourir contre le tiers acquéreur.

L'art. 2037, en accordant à la caution sa décharge dans le cas où le créancier se serait mis dans l'impossibilité de lui céder ses droits, priviléges et hypothèques, lui accorde une faveur exceptionnelle que nulle part la loi n'accorde au tiers détenteur ; la caution est donc, aux yeux de la loi, préférable au tiers détenteur, et pourra donc recourir contre lui si elle a payé la dette.

Ce système a trouvé de nombreux contradicteurs; il nous faut examiner les arguments qu'on lui oppose et qui sont tirés l'un de l'art. 2170, l'autre de l'art. 1252.

Lorsque le tiers détenteur d'un immeuble frappé d'une hypothèque générale est poursuivi, dit M. Troplong, l'art. 2170 lui permet d'échapper à la poursuite du créancier, en le contraignant de discuter les biens hypothéqués à la même dette, qui sont restés en la possession du principal ou des *principaux obligés*, expressions qui comprennent aussi les cautions, lesquelles sont tenues personnellement de la dette. Ce droit de discussion accordé par l'art. 2170 au tiers détenteur contre les cautions, prouve que la loi préfère le tiers détenteur à la caution, et que le fardeau de la dette doit être supporté par la caution seule, sauf son recours contre le débiteur. Cet argument serait concluant, au moins dans le cas où le tiers détenteur jouit du bénéfice de discussion, si en effet la caution était comprise parmi ceux que l'art. 2170 qualifie de principaux obligés, car il faudrait reconnaître alors que le législateur a voulu faire au tiers détenteur une position plus favorable qu'à la caution. Mais, le sens naturel des mots *principaux obligés* résiste à l'interprétation que veut lui donner M. Troplong. Les termes *débiteurs principaux*, *principaux obligés* n'ont jamais désigné, dans le Code, que les personnes dans l'intérêt desquelles la dette a été contractée, et excluent la caution, qui, bien que tenue personnellement, n'est en réalité et vis-à-vis de tous qu'un débiteur accessoire.

On insiste, et l'on dit que si à la vérité la caution n'est qu'un débiteur accessoire, lorsqu'on la compare au véritable débiteur, elle devient débiteur principal lorsqu'on la met en présence du tiers détenteur. Je réponds que les cautions, pas plus que les tiers détenteurs, ne sont principaux obligés, puisqu'elles ne sont pas tenues pour elles-mêmes ; elles sont bien tenues personnellement, tandis que les tiers détenteurs ne le sont que réellement, mais de même que ceux-ci, elles ne sont tenues qu'accessoirement de la dette d'autrui. Ajoutons que le système que je combats mènerait, dans certains cas, à des conséquences iniques. L'argumentation de M. Troplong s'applique en effet à tous les modes d'acquisition, aussi bien aux acquisitions à titre gratuit, qu'aux acquisitions à titre onéreux ; or si le tiers détenteur a acquis l'immeuble à titre gratuit, comment supposer que la loi a voulu le préférer à la caution, c'est-à-dire préférer celui *qui certat de lucro captando*, à celui *qui certat de damno vitando?* De plus, si le tiers détenteur est un légataire, la caution peut dire que le legs n'existe pas tant que les dettes ne sont pas payées, objection qui, pour ce cas, détruit d'une manière absolue le système de préférence de M. Troplong.

Les adversaires de notre système ont cherché un autre argument dans l'art. 1252. Cet article, dit-on, dispose que la subrogation établie par les articles précédents a lieu tant contre les cautions que contre les débiteurs; d'après cela, le tiers détenteur dont il est parlé au 2° de l'art. 1251 sera bien subrogé contre la caution s'il paye le créancier, mais la caution, en cas de payement, ne pourra pas être subrogée contre le tiers détenteur, puisque l'art. 1252 ne parle que de subrogation contre la caution. Cet argument, s'il était vrai, prouverait trop, et c'est ce qui en démontre la fausseté; il ne tendrait à rien moins qu'à exclure de la subrogation toutes les sûretés et garanties autres que le cautionnement. En effet, l'art. 1252 ne fait aucune distinction, et si sa première partie avait réellement pour but d'ôter le bénéfice de subrogation à la caution contre le tiers détenteur, il faudrait pour être logique généraliser cette disposition, et décider que le subrogé, à quelque catégorie qu'il appartienne, n'a aucun droit de se prévaloir des diverses sûretés afférentes à l'obligation, à l'exception du cautionnement. L'art. 1252 n'a nullement le sens restrictif qu'on veut lui donner dans ce cas ; s'il ne parle spécialement que des cautions, ce n'est par pour exclure les autres garanties, mais pour consacrer l'effet absolu de la subrogation, et prévenir des doutes qui auraient pu s'élever par rapport au cautionnement. La première partie de l'art. 1252, qui n'existait pas dans le projet, a été ajoutée sur la demande du Tribunat, à l'effet de faire cesser la diversité de jurisprudence qui existait autrefois entre certains tribunaux supérieurs, par exemple entre le parlement de Paris et celui de Rouen, lequel décidait que la subrogation éteignait l'obligation des cautions.

De tout ceci je conclus sans hésiter que la caution peut être subrogée contre le tiers acquéreur d'un immeuble hypothéqué à la dette, mais que celui-ci ne peut pas être subrogé contre la caution.

Supposons maintenant une dette garantie à la fois par une caution ordinaire et par une caution réelle, c'est-à-dire par un cautionnement et par une hypothèque qu'un tiers, sans s'obliger personnellement, a fournie pour la garantie de la dette. Le créancier peut, à son choix, poursuivre la caution ou le tiers qui a fourni l'hypothèque; si la caution paye, sera-t-elle subrogée contre le tiers, ou sera-ce le tiers qui, en cas de payement, sera subrogé contre la caution ? Cette question a reçu plusieurs solutions différentes.

M. Troplong soutient que la caution ne pourra exercer aucun recours contre le tiers qui a fourni l'hypothèque, tandis que ce dernier pourra, en cas de payement de sa part, recourir contre la caution pour la totalité de ce qu'il a payé. Le tiers, dit-il, n'a contracté aucun engagement personnel, et n'est pas tenu de payer. Cette proposition ne me paraît pas soutenable ; le tiers détenteur, d'après la disposition formelle de l'art. 2168, est obligé de payer la dette, ou de délaisser l'immeuble hypothéqué, et M. Troplong le reconnaît si bien lui-même, qu'il lui accorde, lorsqu'il paye, la subrogation établie par le 3° de l'art. 1251. La caution, dit encore M. Troplong, ne peut recourir contre le tiers qui a fourni l'hypothèque, parce que l'obligat'on de celui-ci, tenu seulement sur l'immeuble hypothéqué, est moins étroite que celle de la caution obligée personnellement, et tenue sur tout son patrimoine. Cet argument ne me paraît pas non plus exact. Sans doute, vis-à-vis du créancier, l'obligation de la caution, tenue sur tous ses biens, est plus étendue que celle du tiers qui a fourni l'hypothèque, lequel n'est tenu que sur l'immeuble hypothéqué ; mais dans les rapports qui existent entre eux, je ne vois aucune différence. Il n'y a là, en effet, que deux tiers tenus tous deux de la dette d'autrui, l'un personnellement, l'autre hypothécairement, dont la position, sauf l'étendue de l'obligation, est identique, et qui doivent être placés sur la même ligne quant au bénéfice de subrogation. Mais, ajoute M. Troplong, le tiers détenteur n'est tenu que *re tantum* d'après l'art. 2170, et à défaut des principaux obligés, au nombre desquels sont les cautions. Je ne reviendrai pas sur cet argument dont j'ai parlé plus haut, pas plus que sur l'argument qu'on pourrait tirer de l'art. 1252 en faveur du système que je combats ; je crois les avoir suffisamment réfutés précédemment. On le voit, le système de préférence contre la caution en faveur du tiers qui a hypothéqué un de ses immeubles à la garantie de la dette n'est nullement justifié, et il m'est impossible de l'adopter.

On a proposé, dans un autre système, de distinguer si l'hypothèque a été constituée avant. après, ou en même temps que le cautionnement. La constitution de l'hypothèque a-t-elle précédé l'engagement de la caution. celle-ci, en cas de payement, pourra recourir contre le tiers qui a fourni l'hypothèque, parce qu'elle a cautionné la dette telle qu'elle était, par conséquent garantie par une hypothèque sur laquelle elle a dû compter.

Que si l'hypothèque n'a été constituée qu'après l'engagement de la caution, la préférence devra être donnée au tiers détenteur, car la caution n'a pu compter sur une sûreté qui n'existait pas à l'époque de son engagement. Enfin si l'hypothèque et le cautionnement ont été donnés en même temps, on devra encore donner la préférence au tiers qui a constitué l'hypothèque, parce que, comme le dit aussi M. Troplong, son obligation est moins stricte que celle de la caution. Ce système, je le repousse aussi ; il repose sur une distinction que nulle part on ne trouve écrite dans la loi ; de plus, au moins dans les cas où il donne la préférence au tiers qui a fourni l'hypothèque, il se réfute au moyen des mêmes arguments que nous avons invoqués contre le système de M. Troplong.

Pour moi, je chercherai la solution de cette question dans l'art. 2033 lui-même, et assimilant, pour le

cas qui nous occupe, la caution réelle à une caution
personnelle, je déciderai que lorsqu'une dette est garantie par un cautionnement et par une hypothèque
fournie par un tiers, le tiers et la caution doivent supporter chacun sa part de la dette, et jouissent chacun
contre l'autre du recours que l'art. 2033 accorde aux
cautions ordinaires. En effet, dans l'espèce qui nous
occupe, je ne puis voir que deux tiers, dont l'un est
bien tenu personnellement, tandis que l'autre ne l'est
qu'hypothécairement, mais qui en définitive, sont tenus
tous les deux de la dette d'autrui; on doit donc, dans
les rapports qui existent entre eux, leur appliquer la
règle édictée par l'article 2033 pour les cautions personnelles, et les placer sur la même ligne au point de
vue du bénéfice de subrogation.

Nous venons de dire que la caution réelle et la caution personnelle devaient supporter chacune sa part
de la dette; mais dans quelle proportion cette part
sera-t-elle fixée? M. Ponsot a proposé de répartir la
perte résultant de l'insolvabilité du débiteur par portions viriles entre la caution et le tiers qui a fourni
l'hypothèque, dans tous les cas, et quelle que soit
la valeur de l'immeuble hypothéqué comparativement
au montant de la dette. Je ne puis admettre cette proportion, et ici encore, assimilant la caution réelle à
une caution personnelle, je dirai que le tiers qui a
fourni l'hypothèque a en définitive cautionné la dette
jusqu'à concurrence de la valeur de l'immeuble hypothéqué. Supposons en effet deux cautions personnelles, dont l'une s'est engagée purement et simplement, c'est-à-dire pour la totalité de la dette, et l'au-

tre pour une partie seulement, il est hors de doute que celle-ci ne devra contribuer avec la première que proportionnellement à la partie de la dette qu'elle a garantie. Au lieu d'un cautionnement partiel, supposons maintenant un tiers qui a hypothéqué, à la garantie de la dette, un immeuble d'une valeur inférieure au montant de cette dette, il est dans la même position que si, comme caution personnelle, il s'était engagé jusqu'à concurrence de cette valeur ; on doit par conséquent lui appliquer le même principe de répartition que s'il s'agissait d'une caution personnelle.

Ainsi, lorsque la valeur de l'immeuble est inférieure au montant de la dette, le tiers qui a fourni l'hypothèque ne contribue avec la caution que pour une part proportionnelle à la valeur de cet immeuble, parce qu'il est censé n'avoir cautionné la dette que jusqu'à concurrence de cette valeur. Que si la valeur de l'immeuble est égale ou supérieure au montant de la dette, notre raisonnement nous amène au même résultat que M. Ponsot ; en effet, le tiers qui a fourni l'hypothèque est alors censé avoir cautionné la totalité de la dette, et la répartition se fera par portions viriles, comme dans le cas où on se trouverait en présence de deux cautions personnelles engagées toutes deux pour la totalité.

FIN.

POSITIONS.

DROIT ROMAIN.

I. Les fidéjusseurs incapables ne sont pas compris dans la division.

II. Dans le cas de la *fidejussio indemnitatis*, le créancier doit poursuivre d'abord le débiteur.

III. Il ne peut y avoir de fidéjusseur là où il n'y a pas d'obligé principal.

IV. Le bénéfice de division n'a jamais existé au profit des codébiteurs solidaires.

V. Dans le droit des Pandectes, lorsque le créancier exerçait des poursuites contre l'un des débiteurs corréaux, la *litis contestatio* libérait les autres. Mais elle ne libérait par les débiteurs *in solidum*.

VI. Le créancier qui aliène le gage affecté à la sûreté de sa créance, est garant envers l'acheteur de l'éviction provenant d'un défaut de droit en sa personne.

VII. Lorsque le créancier a vendu le *pignus conventionale*, l'acheteur qui en est évincé pourra recourir contre le débiteur au moyen de l'action utile *ex empto*. Cette disposition fut ensuite étendue au cas du *pignus judiciale*.

VIII. Lorsque le créancier a vendu le *pignus conventionale*, l'acheteur évincé pourra, par l'action utile *ex empto*, réclamer du débiteur la réparation de tout le dommage qui est résulté pour lui de l'éviction.

DROIT FRANÇAIS.

CODE CIVIL.

I. Le créancier peut s'adresser à la caution, sans avoir préalablement poursuivi le débiteur principal, et même sans l'avoir mis en demeure.

II. Il n'est pas besoin, pour que la division volontaire faite par le créancier soit parfaite, que les cautions aient acquiescé à la demande, ou qu'il soit intervenu un jugement de condamnation.

III. La subrogation est une cession fictive, par suite de laquelle une créance éteinte au moyen d'un payement effectué avec l'argent d'un

tiers, est regardée comme continuant d'exister
au profit de ce dernier, qui peut l'exercer à
l'effet de recouvrer par elle ce que lui a coûté
la libération du débiteur.

IV. La caution à laquelle le créancier a fait remise
de la dette ne peut recourir contre le débiteur.

V. La caution subrogée n'a le droit d'invoquer le
bénéfice de l'action résolutoire, que lorsque
le créancier, complétement désintéressé, n'a
plus d'intérêt au maintien du contrat.

VI. La caution peut être subrogée contre le tiers
acquéreur d'un immeuble hypothéqué à la
dette, mais celui-ci ne peut pas être subrogé
contre la caution.

VII. Lorsqu'une dette est garantie à la fois par
un cautionnement et par une hypothèque
fournie par un tiers, le tiers et la caution
peuvent recourir l'un contre l'autre ; ils
devront supporter une part proportionnelle à
la portion de la dette que chacun a garantie.

VIII. Le créancier est responsable envers la caution,
non-seulement des sûretés qu'il perd par un
fait positif, mais aussi de celles qu'il perd par
sa négligence.

IX. La disposition de l'art. 2037 du Code civil ne
s'applique qu'aux sûretés existant avant le

cautionnement, ou constituées en même temps
que ce dernier.

X. Le bénéfice de l'art. 2037 appartient à la caution solidaire aussi bien qu'à la caution
simple.

CODE DE PROCÉDURE.

I. L'exception de garantie, et l'exception tirée
des délais pour faire inventaire et délibérer
sont les seules exceptions dilatoires existant
dans le droit français.

II. La tierce opposition n'est pas une simple
application de l'art. 1351 du Code civil, mais
un moyen accordé à une partie qui n'a pas
figuré dans l'instance pour prévenir le préjudice qui, nonobstant le principe de l'art.
1351, pourrait résulter pour elle de l'exécution du jugement.

CODE DE COMMERCE.

I. Le bénéfice de discussion doit être admis en
matière commerciale.

II. Le porteur de la lettre de change n'est pas propriétaire de la provision.

DROIT PÉNAL.

I. L'effet d'une circonstance aggravante résultant d'une qualité personnelle à l'auteur principal ne doit pas être étendu au complice.

II. L'action civile résultant d'un crime ou d'un délit, se prescrit d'une manière absolue par le même laps de temps que l'action publique.

DROIT ADMINISTRATIF.

I. La loi du 23 mars 1855 sur la transcription ne s'applique pas au cas d'expropriation pour cause d'utilité publique.

II. Les rivières non navigables ni flottables sont des choses communes qui n'appartiennent à personne, et dont l'usage est commun à tous.

Vu par le président de la thèse,

BLONDEL.

Permis d'imprimer.

Le Recteur,

FLEURY.

Paris. — E. Donnaud, imp. de la Cour impér. et des Trib., rue Cassette, 9.